Schulze-Delitzsch

Vollständige Anweisung für Vorschuss- u. Kreditvereine,

welche sich unter das preuß. Genossenschaftsgesetz stellen wollen

Schulze-Delitzsch

Vollständige Anweisung für Vorschuss- u. Kreditvereine,
welche sich unter das preuß. Genossenschaftsgesetz stellen wollen

ISBN/EAN: 9783743611337

Hergestellt in Europa, USA, Kanada, Australien, Japan

Cover: Foto ©Suzi / pixelio.de

Manufactured and distributed by brebook publishing software
(www.brebook.com)

Schulze-Delitzsch

Vollständige Anweisung für Vorschuss- u. Kreditvereine,

Vollständige Anweisung

für

Vorschuß= und Creditvereine, welche sich unter das Preuß. Genossenschaftsgesetz stellen wollen,

nebst

Musterstatut

(in der Schluß=Redaction)

Motiven ꝛc.

als

Nachtrag

zur

IV. Auflage des Buches: **Vorschuß- und Creditvereine als Volksbanken.**

Von

Schulze=Delitzsch,

derzeitigem Genossenschaftsanwalt.

———— ◆•◆•◆ ————

Leipzig.
Ernst Keil.
1868.

Inhaltsverzeichniß.

Daß bei Umleitung der Verfassung und Geschäftseinrichtungen der Preußischen Vorschuß- und Credit-Vereine, welche sich unter das Preuß. Genossenschaftsgesetz vom 27. März 1867 stellen wollen, um die Rechte eingetragener Genossenschaften darnach zu erlangen, mancherlei Bedenken und verschiedene Ansichten in den Vereinen selbst, manche Unsicherheiten in dem Verfahren der Gerichte entstehen würden, war bei der Neuheit der Sache vorauszusehen. Durch Ausarbeitung von Musterstatuten Seitens der Anwaltschaft, deren Durchberathung den Hauptgegenstand in den Verhandlungen unserer Vereins- und Verbands-Tage bildete, durch Besprechung in unseren Blättern für Genossenschaftswesen sind die Hauptpunkte eingehend erörtert, und hat sich zudem bei der bereits stattgefundenen Eintragung einer Anzahl von Vereinen in das von den Handelsgerichten zu führende Genossenschaftsregister eine gerichtliche Praxis zu bilden begonnen. Ein Zusammenfassen der auf diesem Wege gewonnenen Resultate erschien aber im Augenblicke um so mehr an der Zeit, als gerade mit Beginn des neuen Jahres der größere Theil der Preußischen Vereine mit der Ueberleitung beschäftigt ist. Am Füglichsten mochte dies in Form eines Nachtrages zu der vor wenigen Monaten erschienenen IV. Auflage des Buches des Verfassers: „Vorschuß- und Credit-Vereine als Volksbanken. Leipzig bei E. Keil" geschehen, weil darin die Organisation der Vereine nach dem Preußischen Genossenschaftsgesetz und die zur Umleitung erforderlichen Schritte schon in allen wesentlichen Punkten behandelt sind, und es sich nur um Ergänzung, Modification oder speciellere Ausführung in einzelnen Stücken handelt.

Wir geben daher hier:

I. Das Musterstatut in der neuesten Redaction. Die Motive dazu sind in den einzelnen Abschnitten des bezüglichen Buchs ausführlich nachzulesen, in Bezug auf die Abweichungen von der dort gegebenen und allen frühern Redactionen, jedoch der gegenwärtigen neuesten Bearbeitung angehängt.

II. Die Behandlung mehrerer Hauptfragen, welche besonders zu
Zweifeln Anlaß gegeben haben, nämlich:
1) die beim Handelsgericht behufs Unleitung der Vereine
und Eintragung in das Genossenschaftsregister zu thuen-
ten Schritte;
2) die Organisation der Vorstände und Ausschüsse;
3) die Stellung der Beamten, Bevollmächtigten
und Procuristen in den Vereinen;
III. Endlich eine specielle Anleitung unseres alten und bewährten
Mitarbeiters, des Bankdirectors Sörgel, über die Vornahme
der so wichtigen Jahresschlußarbeiten in den Vereinen.
Auf diese Weise erhält das gegenwärtige Werkchen nicht
bloß als Ergänzung für die Besitzer der IV. Auflage des genannten Buches, sondern für unsere Genossenschaften überhaupt
eine selbstständige Bedeutung, weßhalb wir am Schluß
IV. den Abdruck des Preußischen Genossenschaftsgesetzes hinzufügen,
der sich nebst der darauf bezüglichen Justizministerialinstruction
bereits in dem bez. Buche befindet.

I.

Musterstatut

für

Vorschuß- und Credit-Vereine nach dem Preußischen Genossenschaftsgesetz vom 27. März 1867

in der Schlußredaction der Anwaltschaft, nebst

Motiven.

a.

Revidirtes Statut

des

Vorschußvereins zu X. . . . (Eingetragene Genossenschaft.)

Der seit dem Jahre 1850 allhier zu X. . . . bestehende Vorschußverein hat die Revision seines bisherigen Statuts in Gemäßheit §. . . . desselben, behufs Erwerbung der Rechte einer eingetragenen Genossenschaft nach dem Gesetz vom 27. März 1867, vorgenommen und setzt dieses Statut hiermit im Folgenden fest:

A. Firma, Sitz und Gegenstand des Unternehmens.

§. 1. Die Unterzeichneten bilden unter der Firma:

„Vorschußverein zu X. . . ., eingetragene
Genossenschaft"

einen Verein zum Betriebe eines Bankgeschäfts behufs gegenseitiger Beschaffung der in Gewerbe und Wirthschaft nöthigen Geldmittel auf gemeinschaftlichen Credit.

Der Verein hat seinen Sitz in X. . . .

(§. 2 u. 3 des Genossenschaftsgesetzes vom 27. März 1867.)

2*

B. Fond.

§. 2. Der Fond des Vereins wird durch Einlagen der Mitglieder und Gewinnantheile nach den weiter unten folgenden Bestimmungen gebildet und zerfällt in

a) das eigentliche Vereinsvermögen, welches der Gesammtheit gehört und dem Geschäft als Reserve dient; und

b) das Mitgliedervermögen, das Guthaben oder die Geschäftsantheile der Einzelnen in der Vereinskasse.

Das rechtliche Verhältniß zwischen diesen Bestandtheilen ist im Folgenden bestimmt.

C. Ordnung und Leitung der Vereinsangelegenheiten.

Organe des Vereins.

§. 3. Der Verein ordnet seine Angelegenheiten selbstständig unter Theilnahme aller seiner Mitglieder. Seine Organe sind:

1) der Vorstand,

2) der Ausschuß (Aufsichts- oder Verwaltungsrath),

3) die Generalversammlung.

I. Vom Vorstande.

a. Zusammensetzung und Wahl.

§. 4. Der Vorstand besteht aus:

1) dem Director,

2) dem Kassirer,

3) dem Controleur,

und wird in der Generalversammlung auf Vorschlag des Ausschusses in getrennten Wahlacten auf drei Jahre aus den Mitgliedern nach absoluter Stimmenmehrheit mittels Stimmzettel gewählt. Erhält der Vorgeschlagene die Majorität nicht, so muß der Ausschuß in derselben oder in einer andern Versammlung weitere Vorschläge machen.

Die Wiederwahl derselben Personen nach Ablauf der Wahlperiode ist zulässig.

(§. 3 Nr. 7. 9, §. 16 ff. des Gen.-Ges.)

b. Legitimation.

§. 5. Die Legitimation der Vorstandsmitglieder wird durch das über die Wahlverhandlung aufzunehmende Protokoll der Generalversammlung (§. 47) geführt.

Die Wahlen sind sofort beim Handelsgericht, unter Einreichung zweier Abschriften des Wahlprotokolls, durch den Vorstand in Person anzuzeigen, und schriftliche Erklärung der Gewählten über Annahme der Wahl beizufügen, wonächst dieselben ihre Unterschrift vor dem

Gericht zu zeichnen oder die Zeichnung in beglaubigter Form einzureichen haben.

(§. 3 Nr. 7 §. 17 des Gen.-Gesetzes.)

c. Zeichnung für den Verein.

§. 6. Die Zeichnung selbst geschieht dadurch, daß die Zeichnenden zu der Firma des Vereins ihre Namensunterschrift hinzufügen.
Rechtliche Wirkung dem Verein gegenüber hat die Zeichnung aber nur,
wenn sie mindestens von zwei Vorstandsmitgliedern geschehen ist.
(§. 18 des Gen.-Ges.)

d. Befugnisse und Geschäftsführung des Vorstandes im Allgemeinen.

§. 7. Der Vorstand vertritt den Verein gerichtlich und
außergerichtlich mit allen im Genossenschaftsgesetz vom 27. März 1867
§§. 16 u. ff. ihm ertheilten Befugnissen.

§. 8. Er führt die Vereinsgeschäfte selbstständig, soweit er
nicht durch das gegenwärtige Statut und spätere Gesellschaftsbeschlüsse
darin beschränkt und an die Genehmigung des Ausschusses oder der
Generalversammlung gewiesen ist. (§. 16. 19 des Gen.-Ges.)

§. 9. Doch binden diese Beschränkungen den Vorstand nur
dem Vereine gegenüber und haben nach Außen keine rechtliche Wirkung. Vielmehr verpflichten alle vom Vorstand in dieser seiner Eigenschaft unter Betheiligung von zweien seiner Mitglieder vorgenommenen
Acte den Verein unbedingt dritten Personen gegenüber, und bleiben
die Vorsteher, soweit sie dabei die Grenzen ihrer Befugnisse über-
schritten haben, nur dem Vereine zur vollen Schadloshaltung solidarisch verhaftet.

(§. 20 des Gen.-Ges.)

§. 10. Außerdem haftet der Vorstand dem Vereine für alle
demselben durch Vorsatz oder grobe Fahrlässigkeit von ihm zugefügten
Schäden.

§. 11. Der Vorstand hält die ihm obliegenden Vereinsgeschäfte
in ordnungsmäßigem Gange und hat insbesondere für vollständige
und übersichtliche Buchführung, Aufstellung der Bilanz nach dem
Jahresschlusse — §. 25 des Gen.-Ges. — nach den Vorschriften des
Allgemeinen Deutschen Handelsgesetzbuchs, sowie für die sichere Aufbewahrung der Kassenbestände und Documente Sorge zu tragen.

§. 12. Die Vorstandsmitglieder erledigen die vorkommenden
Vereinsgeschäfte nach Stimmenmehrheit unter Leitung des Directors
in Sitzungen, welche entweder regelmäßig stattfinden oder besonders
vom letztern unter Bezeichnung der Gegenstände der Verhandlung berufen werden, so daß mindestens zwei Vorstandsmitglieder über jede

Maßregel einig sein müssen, welche in Vereinsangelegenheiten vorgenommen werden soll.

§. 13. Ganz besonders hat der Vorstand für die nach den
§§. 4, 6, 17, 22, 24, 25, 35, 40, 47, 50 des Genossenschaftsgesetzes nothwendigen Anzeigen an das Handelsgericht und
Veröffentlichungen über die daselbst bezeichneten Gegenstände zu sorgen,
widrigenfalls ihn die in jenem Gesetze (§§. 54 bis 56) auf die
Unterlassung gesetzten Strafen, insbesondere Geldbußen treffen, ohne
daß die Vereinskasse zur Erstattung der letztern gehalten ist. Die
Einreichung des gegenwärtigen Gesellschaftsvertrages und aller späteren denselben abändernden und ergänzenden Gesellschaftsbeschlüsse beim
Handelsgericht erfolgt durch den Vorstand in Person. Der Vertrag wird im Original vorgelegt und Abschrift oder Abdruck bei-
gefügt; die Gesellschaftsbeschlüsse sind in doppelter Abschrift
einzureichen.

e. Obliegenheiten der einzelnen Vorstandsmitglieder.

§. 14. Außer und neben vorstehenden Gesammtobliegenheiten
haben die einzelnen Vorstandsmitglieder folgende specielle Functionen.

Zunächst hat der Kassirer die Aufbewahrung und Vertretung
der Kassenbestände auf sich und muß über alle Einnahmen und Ausgaben, sowie sonstige Kassengeschäfte nach der ihm ertheilten Special-
Instruction die erforderlichen Bücher und Listen führen, allmonatlich
genaue Geschäftsübersichten und Kassenabschlüsse vorlegen und die Aufstellung der Jahresrechnung unter Mitwirkung des Controleurs so
schleunig als möglich nach dem Jahresschluß unternehmen.

§. 15. Ausgaben aus der Vereinskasse darf er nur auf
schriftliche, von zwei Vorstandsmitgliedern (worunter er sich selbst befinden kann) unterzeichnete Anweisung bestreiten.

Ebenso ist zu Quittungen über Einnahmen in der Vereinskasse außer seiner Unterschrift noch die eines der andern Vorstandsmitglieder erforderlich, wenn dieselben dem Vereine gegenüber gelten
sollen (cfr. §. 6 des Statuts).

§. 16. Sofern daher nicht während bestimmter Geschäftsstunden außer dem Kassirer noch ein Mitglied des Vorstandes im
Kassenlokale anwesend ist, wird der Zahlende vom Kassirer angewiesen,
sich mit dessen Quittung zu dem Controleur zu begeben, welcher
dieselbe mitunterzeichnet und die gezahlte Post in das Gegenbuch ein-
trägt. Hierüber ist das Nöthige öffentlich sowie durch Aushang im
Kassenlokale zur Kenntniß des Publicums zu bringen.

§. 17. Der Kassirer hat dem Verein Caution zu stellen,
worüber das Nähere durch einen von ihm mit dem Ausschusse abzu-

schließenden und von der Generalversammlung zu genehmigenden Vertrag festgestellt wird. *)

§. 18. Der Controleur hat hauptsächlich die Führung der
Gegenbücher und Listen zu besorgen und wirkt bei den regelmäßigen
Geschäfts- und Kassenabschlüssen mit, bei denen er sich sowie bei allen
Revisionen der Kasse von deren Beständen überzeugen muß.

§. 19. Der Director nimmt stetig Einsicht von der Thätigkeit seiner Collegen und sorgt gemeinschaftlich mit ihnen für die
sichere Aufbewahrung der Schulddocumente und Werthpapiere des
Vereins möglichst unter doppeltem Verschluß. Er besorgt die Correspondenz, nimmt die gerichtlichen Geschäfte wahr und trägt die Vor-
standsbeschlüsse der Zeitfolge nach in das dazu bestimmte Buch
ein, worauf sie von den bei der Beschlußfassung Betheiligten unterzeichnet werden.

Derselbe hat mindestens allvierteljährlich die Kassenbestände zu
revidiren und bei allen sich zeigenden Defecten und Unregelmäßigkeiten
im Kassenwesen und der Buchführung sofort dem Ausschusse Anzeige
zu machen, damit dieser die zur Abhülfe und zur Sicherung des
Vereins erforderlichen Maßregeln ergreift.

§. 20. Bei kurz vorübergehenden Verhinderungen des Kassirers oder Controleurs versieht der Director deren Geschäfte,
während der Controleur solchenfalls für den letzteren eintritt.

§. 21. Für den Fall der dauernden Behinderung, des Ausscheidens oder des Todes eines der Vorstandsmitglieder vor Ablauf
der Wahlperiode hat der Ausschuß wegen der nöthigen Stellvertretung sofort Fürsorge zu treffen und sodann ferner in den letztern
beiden Fällen die Nachwahl zu veranlassen. Die Anzeige eines
solchen vom Ausschusse interimistisch ernannten Stellvertreters beim
Handelsgericht geschieht durch die übrigen Mitglieder des Vorstandes
in Gemeinschaft mit dem Stellvertreter in Person, unter Ueberreichung zweier Abschriften des betreffenden Ausschuß-Beschlusses zur
Legitimation, und hat der Stellvertreter wegen der Zeichnung das im
§. 5 dieses Statuts Vorgeschriebene zu beobachten.

Sobald eine solche nur interimistisch vom Ausschusse angeordnete
Stellvertretung durch Wiedereintritt des behinderten Vorstandsmitgliedes oder förmliche Nachwahl in der Generalversammlung zu Ende
geht, ist die Anzeige davon ebenfalls durch den Vorstand, im letztern
Falle unter Mitzuziehung des Nachgewählten, beim Handelsgericht in
Person zu machen, und auch sonst in vorstehender Weise, insbesondere
bezüglich der Zeichnung des Neugewählten zu verfahren.

---

*) Wo ein besonderer Bote mit Einziehung der Mitgliederbeiträge
betraut ist, muß auch von ihm Caution erfordert werden.

. Enthebung der Vorstandsmitglieder von ihrem Amt.

§. 22. Der Vorstand im Ganzen, sowie jedes einzelne Mitglied desselben kann jederzeit durch Beschluß der Generalversammlung seines Amtes enthoben werden, und steht den Enthobenen nur nach Maßgabe der mit ihnen vom Verein abgeschlossenen Verträge ein Entschädigungsanspruch zu.

(§. 16 des Gen.-Ges.)

§. 23. Auch der vorläufigen Suspension durch den Ausschuß haben sich die Mitglieder des Vorstandes zu fügen, vorbehaltlich der definitiven Entscheidung durch die alsdann in kürzester Frist zu berufende Generalversammlung.

g. Besoldung der Vorstandsmitglieder.

§. 24. Die Vorstandsmitglieder erhalten Besoldung, welche durch einen mit ihnen abzuschließenden Vertrag bestimmt wird.

II. Der Ausschuß.

a. Zusammensetzung und Wahl.

§. 25. Der Ausschuß besteht aus (9—15) Mitgliedern, welche in der Generalversammlung nach absoluter Stimmenmehrheit mittels Stimmzettel in einem einzigen Wahlgange auf drei Jahre gewählt werden.

Wird die Majorität beim ersten Wahlgange nicht erreicht, so kommt von denen, welche die meisten Stimmen haben, die doppelte Zahl der noch zu Wählenden auf die engere Wahl, und wird mit den engeren Wahlen in derselben Art so lange fortgefahren, bis für alle zu Wählende eine absolute Majorität erzielt ist. Bei Stimmengleichheit entscheidet das Loos.

Von den Mitgliedern des Ausschusses scheidet alljährlich ein Drittel aus und wird durch Neuwahl ersetzt. In den ersten beiden Jahren entscheidet hierüber das Loos unter den im ersten Jahr Gewählten, später die Zeit des Eintritts der Einzelnen, wonach sich die dreijährige Dauer ihrer Function regelt.

(§. 27 des Gen.-Ges.)

§. 26. Für den Fall des Ausscheidens oder des Todes von Ausschußmitgliedern während des Laufes der Wahlperiode treten diejenigen Vereinsmitglieder für den Rest der Wahlperiode an deren Stelle, welche bei der Wahl der Ausgeschiedenen die nächst meisten Stimmen hinter den Gewählten hatten, weshalb das Nöthige hierüber im Wahlprotokoll zu vermerken ist.

b. Geschäftsführung.

§. 27. Der Ausschuß überträgt einem seiner Mitglieder den Vorsitz, einem andern das Schriftführeramt und ernennt zugleich für beide in Fällen der Abhaltung Stellvertreter. Er faßt seine Beschlüsse nach Stimmenmehrheit der in seinen Sitzungen Erschienenen und ist beschlußfähig, wenn mindestens die Mehrheit seiner Mitglieder anwesend ist.

§. 28. Die Sitzungen des Ausschusses finden in einem bestimmten Local entweder in regelmäßig feststehenden Zeiten statt oder werden vom Vorsitzenden besonders anberaumt, welchenfalls die Einladung den Mitgliedern so zeitig zuzustellen ist, daß diesen die Möglichkeit, ihr nachzukommen, ausreichend gewahrt bleibt. Nur bei Anberaumung von Sitzungen der letztern Art ist die Angabe des Gegenstandes der Verhandlung bei der Einladung nothwendig, wenn der darüber gefaßte Beschluß den Abwesenden gegenüber gelten soll, wogegen in den regelmäßigen Sitzungen alle dem Ausschuß obliegenden Geschäfte ohne vorherige Bekanntmachung der Tagesordnung erledigt werden.

Die Protokolle über die Ausschußsitzungen, welche die darin gefaßten Beschlüsse wortgetreu wiedergeben müssen, werden von den anwesenden Ausschußmitgliedern unterzeichnet und vom Vorsitzenden aufbewahrt.

§. 29. Sowohl der Vorstand wie der dritte Theil der Ausschußmitglieder können jederzeit die Anberaumung einer Ausschußsitzung beim Vorsitzenden des Ausschusses unter schriftlicher Angabe der Berathungsgegenstände verlangen, welchem Gesuche der Vorsitzende mit thunlichster Beschleunigung nachkommen muß.

§. 30. Der Vorstand muß auf Erfordern den Sitzungen des Ausschusses, jedoch nur mit berathender Stimme, beiwohnen und alle Aufschlüsse ertheilen, sowie die Einsicht aller Bücher, Correspondenzen und sonstigen Papiere des Vereins gewähren, welche der Ausschuß für nöthig hält. Nur wo ausdrücklich im gegenwärtigen Gesellschafts-Vertrag (cfr. §§. 36, 37) gemeinschaftliche Sitzungen beider Körperschaften angeordnet sind, hat auch der Vorstand bei der Beschlußfassung mitzuwirken. Das Präsidium darin gebührt dem Vorsitzenden des Ausschusses.

c. Enthebung der Ausschußmitglieder von ihrem Amt.

§. 31. Ausschußmitglieder können, wenn sie die Dispositionsfähigkeit über ihr Vermögen oder die bürgerlichen Ehrenrechte verlieren, in Concurs gerathen, ihre Verpflichtungen gegen den Verein nicht erfüllen, mit dem Verein es zum Proceß kommen lassen, endlich sich einer Unredlichkeit gegen denselben schuldig machen, durch Beschluß der Generalversammlung ihrer Function jederzeit enthoben werden.

Der Antrag darauf steht dem Vorstande, wie den übrigen Mitgliedern des Ausschusses zu und kann auch aus der Mitte der

Vereinsmitglieder selbst hervorgehen, wenn er schriftlich beim Ausschusse mit Angabe der Gründe eingereicht und von mindestens dem zehnten Theile der Mitglieder durch Unterschrift unterstützt wird.

d. Obliegenheiten und Befugnisse des Ausschusses.

§. 32. Der Ausschuß überwacht die Geschäftsführung des Vorstandes und ist jederzeit befugt, zu diesem Behufe alle darauf bezüglichen Bücher und Schriften einzusehen, die Kasse zu revidiren und bei sich zeigenden Unregelmäßigkeiten alle zur Sicherung des Vereins nöthigen Maßregeln zu ergreifen.

Er kann die Vorstandsmitglieder vorläufig, bis zur Entscheidung der demnächst zu berufenden Generalversammlung, von der Leitung der Geschäfte entfernen, und hat alsdann wegen deren einstweiliger Fortführung durch Ernennung von Stellvertretern, sowie wegen Uebernahme der Kassenbestände, Documente, Bücher und Papiere des Vereins die nöthigen Anordnungen zu treffen. Wegen Anzeige beim Handelsgericht, Legitimation, Zeichnung gilt in solchem Falle das vorstehend im §. 21 Vorgeschriebene. Nur in dem Falle, wenn der gesammte Vorstand vom Ausschusse suspendirt ist, erfolgt die Anmeldung der Stellvertretung beim Handelsgericht durch den Ausschuß in Person, doch sind die von ihm ernannten Stellvertreter zuzuziehen, und bewendet es wegen deren Legitimation und Zeichnung bei den obigen Bestimmungen.

(§. 27. Gen.-Ges. und §. 25. Justiz-Min.-Instr. vom 2. Mai 1867.)

§. 33. Der Ausschuß hat ferner die Monatsabschlüsse des Vorstandes zu prüfen und sich dabei die nöthigen Uebersichten über die Geschäfte zu verschaffen.

Insbesondere muß er die am Schlusse des Geschäftsjahres zu legende Rechnung nebst Bilanz genau revidiren, mit den Büchern, Documenten und Kassenbeständen vergleichen, darüber der General-Versammlung berichten und die Vorschläge zur Gewinnvertheilung derselben machen.

(§. 28 des Gen.-Ges.)

§. 34. Sodann vertritt der Ausschuß den Verein bei Abschließung von Verträgen mit den Vorstandsmitgliedern selbst, sowie in den mit ihnen zu führenden Processen. Die zu letzterem Behufe erforderliche Legitimation wird unter Ueberreichung zweier Abschriften des bezüglichen Beschlusses der Generalversammlung und der Protokolle über die Wahlen der Ausschußmitglieder (§. 25 u. 47 des Statuts) von dem Ausschusse in Person beim Handelsgerichte nachgesucht.

§. 35. Außer bei denjenigen Angelegenheiten, wo dies sonst noch in diesem Statut besonders bestimmt ist, hat der Vorstand die Genehmigung des Ausschusses einzuholen:

a) bei Anstellung und Entlassung von Beamten im Dienste des Vereins und Regelung ihrer Besoldung, soweit dies Alles nicht der Generalversammlung zusteht (cfr. §. 48), sowie bei Ernennung von Bevollmächtigten für einzelne Geschäfte und Regelung von deren Vollmacht, und Verfolgung von Rechtsansprüchen gegen solche Beamte und Bevollmächtigte;

b) bei Abschluß von Mieths- und anderen Contracten, sowie bei Anschaffung und Veräußerung von Mobilien;

c) bei Aufstellung von Geschäfts-Instructionen und Einrichtung der Buchführung;

d) bei der Unterbringung zeitweilig müßiger Kassenbestände;

e) bei Bestimmung der Höhe der Zinsen und Provisionen für die gewährten Credite, welche durch öffentliche Bekanntmachung zur Kenntniß der Mitglieder zu bringen ist;

f) bei Gewährung von Vorschüssen und Krediten jeder Art, sowie bei deren Prolongation*);

g) bei Aufnahme von Anlehen für die Vereinskasse innerhalb der von der Generalversammlung bestimmten Grenze.

§. 36. Die Annahme von Spareinlagen besorgt zwar der Vorstand allein; doch hat der Ausschuß bei diesem Geschäftszweig ganz besonders darüber zu wachen, daß angemessene Kündigungsfristen bedungen und ein bestimmtes Verhältniß zum eigenen Vermögen und zu den festen Anlehen innegehalten wird.

Ueber beide Punkte sowie über die Höhe der den Sparern zu

---

*) Bei Vereinen, wo dem Ausschuß bei Bewilligung von Krediten keine Stimme zugestanden, sondern dies dem Vorstand allein überlassen werden soll, fällt Littr. f. in diesem §. weg. Dagegen ist, der nöthigen Schranke für den Vorstand halber, alsdann Alinea 1. §. 37 so zu fassen:

„§. 37. Weiter haben beide, Vorstand und Ausschuß in gemeinschaftlicher Sitzung:

a) über die Aufnahme neuer Mitglieder, sowie über die vorläufige Suspension von Procuristen und von solchen Beamten, deren Anstellung und Entlassung an die Genehmigung der Generalversammlung gebunden ist; ferner

b) über die Eröffnung einer laufenden Rechnung für einen Kunden in jedem einzelnen Falle zu beschließen, sowie

c) die Kreditfähigkeitsliste festzustellen, worin der Höchstbetrag, den der Vorstand bei der Kreditgewährung innehalten muß, für jeden einzelnen Kunden bestimmt ist, und diese Liste mindestens allmonatlich zu revidiren und den veränderten Verhältnissen gemäß festzustellen".

zahlenden Zinsen beschließen der Vorstand und Ausschuß in gemeinschaftlicher Sitzung.

§. 37. Weiter haben der Vorstand und Ausschuß in gemeinschaftlicher Sitzung über die Aufnahme neuer Mitglieder
sowie über die vorläufige Suspension von Procuristen und
von solchen Beamten, deren Anstellung und Entlassung an die Genehmigung der Generalversammlung gebunden ist, zu entscheiden.

Zur Beschlußfähigkeit einer gemeinschaftlichen Sitzung gehört in
allen Fällen die Anwesenheit der Mehrheit sowohl der Vorstands-
wie der Ausschußmitglieder.

III. Die Generalversammlung.
a. Theilnahmerecht.

§. 38. Die Rechte, welche den Mitgliedern des Vereins in den
Angelegenheiten desselben zustehen, werden von ihnen in der Generalversammlung ausgeübt.

Jedes derselben hat bei den deshalb zu fassenden Beschlüssen
eine Stimme, welche auf keinen Dritten übertragen werden kann.
(§. 9 des Gen.-Ges.)

b. Berufung und Einladung.

§. 39. Die Berufung der Generalversammlung geht in
der Regel vom Ausschusse aus; doch kann, wenn der Ausschuß dieselbe verzögert, auch der Vorstand dazu schreiten.

. Die Einladung zur Generalversammlung erfolgt durch ein-
malige Einrückung in das . . . . . Blatt, wird vom Vorsitzenden des Ausschusses unterzeichnet, und muß die betreffende Nummer des Blattes mindestens 3 Tage vor der Versammlung ausge-
geben werden.

Dabei bleibt dem Ausschuß unbenommen, nebenher noch durch
Umlauf oder besondere Zettel einzuladen. (§. 3 Nr. 8 des Gen.-G.)

§. 40. In der Einladung müssen die zur Verhandlung kom-
menden Anträge und sonstigen Gegenstände der Tagesordnung kurz
angegeben werden. (§. 31 al. 2 des Gen.-Ges.)

c. Ordentliche Generalversammlungen.

§. 41. Die Generalversammlungen finden regelmäßig statt:
a) nach dem Schlusse des Rechnungsjahres behufs Mittheilung der
   Jahresrechnung und Geschäftsbilanz, Beschlußfassung über die
   Gewinnvertheilung und die dem Vorstand zu ertheilende De-
   charge, sowie Erledigung etwaiger Rechnungsmonita;
b) nach dem Schlusse jedes Vierteljahres zur Darlegung der Kassen-
   und Geschäftsverhältnisse, Erledigung von Beschwerden und
   sonstigen Vereinsangelegenheiten.

d. Außerordentliche Generalversammlungen.

§. 42. Außerdem können bei dringenden Veranlassungen jederzeit Generalversammlungen berufen werden, und ist der Ausschuß
dazu verpflichtet, wenn der Vorstand oder der zehnte Theil der Vereinsmitglieder schriftlich unter Angabe der Gegenstände der Verhandlung darauf antragen.

e. Tagesordnung.

§. 43. Die Tagesordnung wird vom Ausschuß festgesetzt;
doch müssen alle Anträge darin aufgenommen werden, welche vor
Erlaß der Einladung schriftlich vom Vorstande oder dem zehnten
Theile der Vereinsmitglieder gestellt werden.

f. Leitung.

§. 44. Die Leitung der Generalversammlung gebührt dem
Vorsitzenden des Ausschusses, der auch den Schriftführer ernennt,
welcher das Protokoll abzufassen hat; doch kann dieselbe durch Beschluß der Versammlung in jedem Augenblicke einem beliebigen anderen
Mitgliede übertragen werden.

g. Abstimmung.

§. 44a. Die Abstimmung erfolgt mittels Aufhebung der
Hände, und kann der Vorsitzende, sobald ihm das Resultat zweifel-
haft erscheint, die Zählung durch zwei von ihm aus den Anwesenden
ernannte Stimmzähler vornehmen lassen, wozu er verpflichtet ist, sobald 10 Mitglieder in der Versammlung darauf antragen.

Nur bei Ausstoßung eines Mitgliedes und bei Wahlen erfolgt
die Abstimmung stets durch Stimmzettel.

h. Beschlüsse.

§. 45. Die von der Mehrheit der in einer Generalversammlung erschienenen Vereinsmitglieder gefaßten Beschlüsse haben für
den Verein verbindliche Kraft, sobald die Einladung gehörig erfolgt
und dabei der Gegenstand der Tagesordnung bekannt gemacht ist.

§. 46. Nur bei Beschlüssen über Abänderung und Ergänzung des gegenwärtigen Statuts, sowie über die Auflösung des Vereins ist die Anwesenheit von mindestens einem
Drittel aller Mitglieder nöthig, und müssen überdem zwei Drittheile
der Anwesenden dafür stimmen, wenn ein solcher Beschluß gültig
sein soll.

Ist das erforderliche Drittel der Mitglieder in der Versamm-
lung nicht anwesend, so wird eine zweite Versammlung mit einem
Zwischenraume von mindestens 8 Tagen zur Erledigung derselben
Tagesordnung anberaumt, welche ohne Rücksicht auf die Zahl der
Anwesenden endgültig darüber beschließt.

§. 47. Die über die Verhandlungen der Generalversammlung aufgenommenen Protokolle, welche den Vorgang in seinen wesentlichen Punkten, namentlich die gefaßten Beschlüsse und Wahlen enthalten, werden unter dem Datum der Generalversammlung in ein besonderes „Protokollbuch" eingetragen, vom Vorsitzenden, den anwesenden Vorstands- und Ausschußmitgliedern, dem Schriftführer und mindestens drei anderen Vereinsgenossen unterzeichnet und vom Ausschusse aufbewahrt.

i. Angelegenheiten, welche der Beschlußfassung der Generalversammlung unterliegen.

§. 48. Der Beschlußfassung der Generalversammlung unterliegen außer den an anderer Stelle ausdrücklich in diesem Statut dahin verwiesenen Gegenständen, folgende Angelegenheiten:

1) Abänderung und Ergänzung des gegenwärtigen Vereinsstatuts;
2) Auflösung und Liquidation des Vereins;
3) Erwerb und Veräußerung von Grundeigenthum;
4) Wahl und Remuneration des Vorstandes, Ausschusses, etwaiger Procuristen und solcher Beamten, welche auf die Dauer mit Kassengeschäften betraut sind, ingleichen der Deputirten zu Verbands- und Vereinstagen, sowie Wahl der Einschätzungs-kommission (S. 69);
5) Verfolgung von Rechtsansprüchen gegen Mitglieder des Vorstandes, Ausschusses, Procuristen und die unter Nr. 4 bezeichneten Beamten;
6) Enthebung derselben von ihren Aemtern;
7) Entscheidung von Streitigkeiten über Sinn und Inhalt des gegenwärtigen Statuts und früherer Gesellschaftsbeschlüsse;
8) die oberste Entscheidung über alle gegen die Geschäftsführung und Beschlüsse des Vorstandes und Ausschusses eingebrachten Beschwerden;
9) die Bestimmung des Höchstbetrages, welchen
    a. sämmtliche den Verein belastende Anlehen und Spareinlagen zusammen,
    b. die bei einem einzelnen Mitgliede gleichzeitig ausstehenden Credite nicht überschreiten dürfen;
10) die Einführung der Creditertheilung in laufender Rechnung;
11) die Vertheilung des Geschäftsgewinns am Jahresschluß und Entlastung des Vorstandes wegen dessen Geschäftsführung;
12) Ausschluß von Mitgliedern aus dem Verein;
13) der Anschluß an den Allgemeinen Verband der Deutschen Genossenschaften und einen Unterverband desselben, oder der Austritt aus ihnen.

D. Erlangung und Endigung der Mitgliedschaft.

§. 49. Erworben wird die Mitgliedschaft durch Unterschrift des Statuts oder schriftliche Beitrittserklärung nach vorgängiger förmlicher Aufnahme Seitens des Vorstandes und Ausschusses. Aufnahmefähig sind alle Personen, welche sich durch Verträge verpflichten können.

Dem Abgewiesenen steht nur die Berufung an die Generalversammlung offen.

§. 50. Verloren wird die Mitgliedschaft bei Nichterfüllung der statutenmäßigen Verpflichtungen durch Gesellschaftsbeschluß, welcher vom Vorstande insbesondere alsdann beantragt werden muß, wenn Mitglieder drei Monate lang mit den laufenden Beiträgen in Rest bleiben, oder es wegen Rückzahlung der erhaltenen Darlehne zur gerichtlichen Klage kommen lassen oder die bürgerlichen Ehrenrechte verlieren. Die Mitgliedschaft hört in diesem Falle mit dem Tage des darüber gefaßten Gesellschaftsbeschlusses auf.
(§. 37 letztes Al. des Gen.-Ges.)

§. 51. Ferner hört die Mitgliedschaft durch den Tod, aber erst mit Ablauf des Rechnungsjahres auf, innerhalb dessen derselbe erfolgt, und sind die Erben bis dahin noch an die Mitgliedschaft gebunden.

§. 51a. Außerdem steht den Mitgliedern auch der Austritt aus dem Verein am Ende des Rechnungsjahres nach rechtzeitiger schriftlicher Aufkündigung beim Vorstande frei; doch muß die Kündigung mindestens 4 Monate vor dem Schlusse des Rechnungsjahres erfolgen, widrigenfalls der Kündigende erst mit Ende des nächstfolgenden Rechnungsjahres von der Mitgliedschaft entbunden werden kann.

§. 52. Ein ausgeschiedenes Mitglied (§§. 50, 51a) — und dasselbe gilt für die Erben eines Verstorbenen — kann nur den Betrag seines Geschäftsantheils (Guthabens) einschließlich der Dividende des zuletzt abgelaufenen Rechnungsjahres, sonst aber keinen Antheil an dem Gesellschaftsvermögen, namentlich nicht an dem Reservefond fordern. Insbesondere hat der Ausgeschlossene kein Anrecht an die Dividende des laufenden Jahres, in welches der Ausschluß fällt.

Die Auszahlung der Geschäftsantheile (Guthaben) an die Ausgeschiedenen erfolgt im dritten Monate nach dem Schluß des Rechnungsjahres, in oder mit welchem die Endigung der Mitgliedschaft stattgefunden hat.

§. 53. Dieser Auszahlung des Guthabens kann sich der Verein bei etwaigem schlechten Stande des Vereinsgeschäfts nur durch Auflösung und Liquidation entziehen, und muß sich der

Ausgeschiedene alsdann die Innebehaltung seines Guthabens, soweit es statutenmäßig zur Deckung der Vereinsschulden mit herangezogen werden kann, gefallen lassen.

In allen Fällen bleibt derselbe auch mit seinem übrigen Vermögen innerhalb zweier Jahre nach Endigung der Mitgliedschaft für alle bis zu letzterm Zeitpunkte eingegangenen Verbindlichkeiten des Vereins nach Maßgabe des §. 51 des Genossenschaftsgesetzes vom 27. März 1867 dessen Gläubigern gegenüber solidarisch mit verhaftet.

Eine Einmischung in die Vereinsangelegenheiten steht ihm indessen deshalb in keiner Weise zu.

§. 54. Der Vorstand ist verpflichtet, am Schlusse jedes Vierteljahres über Ein- und Austritt von Mitgliedern dem Handels-Gericht schriftlich Anzeige zu machen, und alljährlich im Januar eine vollständige, alphabetisch geordnete Mitgliederliste einzureichen, auch spätestens in den ersten 6 Monaten jedes Geschäftsjahres die Zahl der seit der vorjährigen Bekanntmachung aufgenommenen und ausgeschiedenen, sowie die Zahl der zur Zeit dem Vereine angehörigen Mitglieder zu veröffentlichen.

(§. 24 Alin. 1 des Gen.-Ges.)

E. Rechte und Pflichten der Mitglieder.

§. 55. Die Mitglieder der Gesellschaft sind berechtigt:

a) bei allen Gesellschaftsbeschlüssen und Wahlen in den General-Versammlungen zu stimmen;

b) aus der Gesellschaftskasse baare Vorschüsse, soweit dieselbe dazu ausreicht, und sie den im §. 67 ff. festgesetzten Bedingungen und Anforderungen genügen; sowie

c) nach Maßgabe des §. 80—82 eine Dividende vom Geschäftsgewinn zu beanspruchen.

§. 56. Dagegen ist jedes Mitglied verpflichtet:

a) zur Bildung eines Geschäftsantheils die §. 57 bestimmten Zahlungen zu leisten;

b) ein Eintrittsgeld bei der Aufnahme nach Bestimmung des §. 62 zu bezahlen;

c) dem gegenwärtigen Statut, sowie den Beschlüssen und dem Interesse der Gesellschaft nicht zuwider zu handeln;

d) für Erfüllung sämmtlicher vom Vereine ordnungsmäßig eingegangener Verpflichtungen, insoweit die Aktivbestände der Vereinskasse dazu nicht ausreichen, solidarisch mit seinem ganzen Vermögen zu haften, wobei es (§. 11 des Gen.-Ges.) gleichgültig ist, ob die Verpflichtungen vor dem Eintritt der einzelnen bereits bestanden haben, oder erst während seiner Mitgliedschaft

F. Geschäftsantheile (Guthaben) der Mitglieder.

§. 57. Der Geschäftsantheil jedes Mitgliedes wird auf einen Höchstbetrag von ..... Thalern fixirt, welcher jedoch durch einfachen Gesellschaftsbeschluß jederzeit erhöht werden kann. Dieser Antheil kann sogleich beim Eintritt vollgezahlt oder durch einzelne Nachzahlungen ergänzt werden, welche jedoch zum Mindesten allmonatlich ..... Sgr. betragen müssen.

§. 58. Außerdem wird bis zur Erreichung des Höchstbetrags bei dem Geschäftsantheil jedes Mitgliedes auch noch die auf dasselbe fallende Dividende vom Reingewinn innebehalten, und nebst allen auf den Antheil gemachten Einzahlungen jedesmal am Jahresschlusse in einem besonderen Conto demselben gutgeschrieben.

§. 59. Jedes Mitglied bleibt Eigenthümer seiner Einzahlungen und ihm gutgeschriebener Dividende, welche jedoch während der Mitgliedschaft weder ganz noch theilweise aus der Kasse zurückgezogen werden dürfen.

§. 60. Jedes Mitglied erhält über seinen Geschäftsantheil (Guthaben) ein besonderes Buch, worin der Vorstand den Zugang bemerkt.

Auf keinen Fall darf darüber von Jemanden, so lange er in der Vereinskasse steht, irgendwie verfügt werden; namentlich ist jede Cession, Verpfändung oder sonstige Belastung desselben dem Vereine gegenüber, welchem er zunächst wegen aller Verpflichtungen des Inhabers haftet, durchaus unverbindlich, was in dem erwähnten Buche ausdrücklich zu vermerken ist.

G. Reservefond.

§. 61. Zur Deckung etwaiger Geschäftsverluste dient das §. 2a erwähnte Gesammtvermögen des Vereins als Reservefond.

Dasselbe wird durch die Eintrittsgelder neuer Mitglieder und die im §. 82 bestimmten Antheile am Reingewinn gebildet und soll allmählich bis zur Höhe von 10% des Mitgliedervermögens (Guthabens) angesammelt und nach Abschreibung von Verlusten wieder darauf gebracht werden.

§. 62. Das Eintrittsgeld der Mitglieder wird von Zeit zu Zeit durch Gesellschaftsbeschlüsse festgesetzt und bis auf Weiteres mit .... Thlr. erhoben.

Dasselbe ist sofort bei Erlangung der Mitgliedschaft zu zahlen.

§. 63. Der Bestand des Reservefonds verbleibt dem Vereine bis zu dessen Auflösung, und haben früher ausgeschiedene Mitglieder keine Ansprüche daran.

H. Form, Höhe und Befristung der Vorschüsse.

§. 64. Die Vorschüsse werden in der Regel gegen eigene (trockne) Wechsel gegeben, und haben selbst die Kunden, denen ein laufendes Conto eröffnet ist, die Ausstellung eines Depot-Wechsels zu bewirken.

§. 65. Bei Bestimmung der Rückzahlungsfristen, welche den Vereinsschuldnern gestattet werden, muß die Befristung der vom Verein selbst aufgenommenen Gelder wohl berücksichtigt und Beides, der Credit, den der Verein von seinen Gläubigern nimmt, mit dem, den er seinen Schuldnern giebt, in Einklang gebracht werden.

§. 66. In der Regel wird daher nicht über ein Vierteljahr hinaus creditirt. Indessen kann nach Ablauf der Frist die Schuld mit Bewilligung der Bürgen auf einen höchstens gleich weiten Termin prolongirt werden; jedoch nur unter der Voraussetzung, daß dies in keiner Weise zur Verdeckung fester Kapitalanlagen dient. Selbstverständlich kann jedes Prolongationsgesuch jederzeit ohne Angabe von Gründen abgelehnt oder auch nur gegen Leistung von Abschlagszahlungen, welche Vorstand und Ausschuß gemeinschaftlich bestimmen, bewilligt werden, und muß bei unsicherem Stande des Geldmarktes die letztere Maßregel stets innegehalten und das Nöthige darüber den Vereinsmitgliedern bekannt gemacht werden.

I. Erfordernisse auf Seiten der Vorschußsucher. Sicherstellung.

§. 67. Nur an Mitglieder des Vereins wird Credit gewährt, und nur soweit ihre Persönlichkeit und ihre Verhältnisse die nöthige Sicherheit bieten.

§. 68. Die Vorstandsmitglieder sind während der Dauer ihrer Function davon gänzlich ausgeschlossen, und dürfen sich der Vereinskasse für ihre Privatzwecke unter keinen Umständen bedienen, widrigenfalls sie sofort von ihrer Stelle entfernt werden müssen.[*]) Ebenso dürfen dieselben dem Vereine gegenüber Bürgschaften oder sonstige Garantien für die Mitglieder und Kunden wegen der an diese gewährten Credite unter keinen Umständen übernehmen.

§. 69. Mitgliedern des Ausschusses dürfen, so lange sie diese Stellung einnehmen, Vorschüsse nur gegen die ausreichendste Sicherstellung und bis zu einem Höchstbetrage gewährt werden,

---

*) Wo sich der Ausschluß sämmtlicher Vorstandsmitglieder von Benutzung der Vereinskasse für ihr eignes Creditbedürfniß nicht sofort durchführen läßt, ist dies doch mindestens beim Kassirer unerläßlich, und verweisen wir deshalb auf das in Bezug auf die veränderte Stellung der Vorstände nach dem Genossenschaftsgesetz in Abschnitt II. und in dem bez. Buche S. 191. 192 Gesagte.

welchen die von der Generalversammlung alljährlich zu wählende Einschätzungs-Commission von drei Mitgliedern zu bestimmen hat und zu jeder Zeit abzuändern berechtigt ist.

§. 70. Bei kleinen Beträgen, welche sich innerhalb der Hälfte des Guthabens der einzelnen Vorschußnehmer bewegen, kann von weiterer Sicherstellung abgesehen werden, insofern das Interesse des Vereins es gestattet. Ein Recht auf eine solche antheilige Beleihung des Guthabens steht den Mitgliedern indessen nicht zu.

§. 71. Bei größeren Vorschüssen aber hat die Sicherstellung durch Bürgen oder Pfand zu erfolgen, deren Annehmlichkeit in jedem Falle gewissenhaft zu prüfen ist.

§. 72. Für fortlaufenden Verkehr kann unter Umständen eine Cautionshypothek an Grundstücken des Schuldners bestellt werden.

Auf Spezial-Hypothek werden dagegen niemals Gelder ausgeliehen, vielmehr darf man zu einer solchen nur ausnahmsweise bei gefährdeten Forderungen, in Ermangelung anderer Deckung, den Schuldnern und Bürgen gegenüber seine Zuflucht nehmen.

§. 73. Uebrigens können einem Schuldner innerhalb der Grenzen seiner Creditfähigkeit und gegen angemessene Sicherstellung mehrere Vorschüsse oder Credite, welche gleichzeitig bei ihm ausstehen, gewährt werden.

Insofern jedoch bei dem früher aufgenommenen Bürgen interessirt sind, soll man dieselben vor Auszahlung der späteren Posten von der weiteren Creditirung benachrichtigen.

§. 74. Beschwerden über abgewiesene Creditgesuche gehören vor die nächste Generalversammlung.

K. Rechnungswesen.

§. 75. Das Geschäftsjahr läuft vom . . . . . bis . . . . . und muß sofort bei dessen Beendigung

a. der Bestand der vorhandenen Kassenvorräthe, Schulddocumente und Werthpapiere durch den Ausschuß revidirt und festgestellt; sowie

b. mit dem Abschluß der Bücher vom Vorstande begonnen werden.

§. 76. Die vollständige Jahresrechnung hat der Vorstand sodann nach spätestens 8 Wochen dem Ausschusse vorzulegen, widrigenfalls dieser berechtigt ist, dieselbe unter seiner Aufsicht durch andere Personen auf Kosten des Vorstandes anfertigen zu lassen.

§. 77. Die Rechnung muß

1) sämmtliche Einnahmen und Ausgaben innerhalb des Jahres nach den bei der Buchführung und Contirung eingeführten Haupt-Rubriken geordnet;

2) eine besondere Gewinn- und Verlustberechnung;

3) die Bilanz über den Stand des Gesellschaftsvermögens am Jahresschlusse

enthalten.

§. 78. Bei der Bilanz sind, außer den Vereinsschulden, der Reservefonds nebst den Geschäftsantheilen der Mitglieder sowie die etwa auf das nächstfolgende Jahr im Voraus erhobenen Zinsen, unter den Passiven; der Werth der Mobilien nach Abzug der gewöhnlichen Abnutzungsprocente, der Kassenbestand in Baar und in Werthpapieren, letztere zum Tagescours, sowie die ausstehenden Forderungen nach ihren verschiedenen Branchen unter den Activen anzusetzen, dabei jedoch etwaige unsichere Forderungen nur nach ihrem wahrscheinlichen Werthe aufzuführen, uneinziehbare aber ganz auszuscheiden und zurückzustellen.

Der hiernach verbleibende Ueberschuß der Activa bildet den Reingewinn.

(§. 3. Nr. 6 des Gen.-Ges.)

§. 79. Die Revision der Rechnung erfolgt durch den Ausschuß, der sich die nöthigen Unterlagen dabei durch Einsicht der Bücher und Beläge, wie die durch die nach §. 75 a. von ihm vorzunehmende Inventur zu verschaffen hat.

Erheben sich jedoch in der deshalb stattfindenden Generalversammlung Bedenken gegen die Richtigkeit der Rechnung und die Revision des Ausschusses, so kann durch Gesellschaftsbeschluß in derselben, ohne daß der Antrag vorher auf die Tagesordnung gebracht wäre, eine besondere Commission von 2—3 Mitgliedern gewählt und dieser die Superrevision aufgetragen werden, zu welchem Behufe sie alle dem Ausschusse im §. 32 und 33 dieses Statuts zur Ueberwachung der Geschäftsführung übertragenen Befugnisse ausübt.

L. Dividende.

§. 80. Der Reingewinn wird an die Mitglieder, nach Höhe der von jedem auf seinen Geschäftsantheil gemachten Einzahlungen und zugeschriebenen Gewinnantheile, am Jahresschlusse als Dividende gewährt und diesem Geschäftsantheile, bis derselbe die Normalhöhe erreicht hat, zugeschrieben.

§. 81. Bei dieser Berechnung wird das Guthaben bei jedem Einzelnen nur insoweit berücksichtigt, als es volle Thaler beträgt, und nicht erst während des Rechnungsjahres um dessen Gewinnüberschüsse es sich handelt, entstanden ist, so daß also die während eines Jahres aufgesammelten Monatsbeiträge erst bei Berechnung der Dividende des nächstkünftigen Jahres mit in Betracht kommen.

§. 82. So lange der Reservefond noch nicht auf dem im §. 61 al. 2 festgesetzten Betrage angelangt ist, werden von dem Reingewinn vor dessen Vertheilung an die Mitglieder mindestens 10 pCt. abgezogen und dem genannten Fond zugeschlagen, was ebenfalls geschehen muß, wenn derselbe durch Deckung von Geschäftsverlusten unter jenen Normalbetrag herabgesunken ist.

M. Auflösung des Vereins und Haftung der Mitglieder.

§. 83. Die Auflösung des Vereins erfolgt:
1) durch Beschluß der Generalversammlung;
2) durch Eröffnung des Concurses über das Vereinsgeschäft;
3) durch gerichtliches Erkenntniß in den §. 34 des Genossenschaftsgesetzes bestimmten Fällen.

§. 84. Der Concurs über das Vereinsgeschäft wird vom Gericht auf die dem Vorstande obliegende Anzeige der Zahlungseinstellung eröffnet, und hat die Concurseröffnung über das Privatvermögen der Mitglieder nicht zur Folge.

(§. 50 al. 4 des Gen.-Ges.)

§. 85. Vielmehr sind die Vereinsgläubiger erst nach Beendigung des Vereinsconcurses, und nur insoweit sie dabei ihre Forderungen nachgewiesen haben, berechtigt, sich wegen des daran erlittenen Ausfalls an die einzelnen ihnen solidarisch verhafteten Vereinsmitglieder zu halten.

§. 86. Nach Auflösung des Vereins, außer dem Falle des Concurses, erfolgt die Liquidation nach den Vorschriften der §§. 39 ff. des Genossensch.-Gesetzes vom 27. März 1867 durch den Vorstand.

Sogleich beim Beginn der Liquidation hat der Vorstand die Bilanz des Vereinsgeschäfts nach den Grundsätzen des §. 78 dieses Status aufzustellen, dabei jedoch die im Voraus erhobenen Zinsen nicht unter den Passiven aufzuführen. Ergiebt sich alsdann, daß die Activbestände des Vereins zur Deckung der Passiven nicht ausreichen, so wird der Ausfall zunächst vom Reservefond, und erst nach dessen Erschöpfung vom Guthaben der Mitglieder abgeschrieben. Insofern der Ausfall nicht das Gesammtguthaben aller Mitglieder verschlingt, ist derselbe verhältnißmäßig, nach Höhe der Einzelguthaben, von diesen in Abzug zu bringen. In keinem Falle steht einem Mitgliede wegen solchergestalt ganz oder antheilig geopferten größeren Guthabens ein Rückgriff gegen diejenigen Genossen zu, welche mit geringeren Summen dabei betheiligt waren.

Aus den nach Deckung der Schulden und des Mitgliedguthabens übrig bleibenden Beständen wird demnächst die Dividende des letzten Rechnungsjahres an die Genossenschafter gewährt, der weitere Rest aber nach Köpfen unter sie vertheilt.

bigung der Gläubiger verbleiben, werden dieselben ebenso zunächst auf das Guthaben der Mitglieder, und zwar verhältnißmäßig nach dessen Höhe, und ferner als Dividende u. s. w. vertheilt und gilt Alles im Vorstehenden für den Fall der Liquidation Bestimmte.

§. 87. Ergiebt dagegen die Bilanz, daß selbst nach Aufopferung der Reserve und des Guthabens die Activbestände der Vereinskasse zur Befriedigung der Gläubiger nicht ausreichend sind, so haben die Liquidatoren bei eigener Verantwortlichkeit sofort eine Generalversammlung zu berufen, und hierauf, sofern nicht Genossenschafter binnen acht Tagen nach der abgehaltenen Generalversammlung den zur Deckung des Ausfalls erforderlichen Betrag baar einzahlen, bei dem Handelsgericht die Eröffnung des kaufmännischen Concurses (Falliments) über das Vermögen der Genossenschaft zu beantragen. (§. 47 des Gen.-Ges.)

N. Die Bekanntmachungen des Vereins und die dazu bestimmten öffentlichen Blätter.

§. 88. Alle Bekanntmachungen und Erlasse in Angelegenheiten des Vereins, sowie die derselben verpflichtenden Documente ergehen unter dessen Firma und werden mindestens von zwei Vorstandsmitgliedern unterzeichnet.

§. 89. Die Einladungen zu den Generalversammlungen dagegen, insofern sie nicht vom Vorstande ausgehen (§. 39), erläßt der Vorsitzende des Ausschusses mit der Zeichnung:

Der Ausschuß des . . . . . (Firma des Vereins).

N . . . . .,
Vorsitzender.

§. 90. Zur Veröffentlichung seiner Bekanntmachungen bedient sich der Verein des . . . . . . Blattes.

Falls dasselbe eingeht, ist der Vorstand befugt, mit Genehmigung des Ausschusses ein anderes an dessen Stelle zu bestimmen. (§. 3 Nr. 11 des Gen.-Ges.)

O. Vollziehung des Statuts.

§. 91. Das gegenwärtige Statut wird von den bei der Annahme in der Generalversammlung anwesenden Mitgliedern durch Namensunterschrift vollzogen; Seitens der nicht Anwesenden, sowie aller später dem Verein Beitretenden, genügt die schriftliche Beitrittserklärung.

P. Streitigkeiten über das Statut und die Gesellschafts-beschlüsse.

§. 92. Alle Streitigkeiten über den Sinn einzelner Bestimmungen dieses Statuts, sowie späterer Gesellschaftsbeschlüsse, werden durch Beschluß der Generalversammlung endgültig entschieden, und steht keinem Vereinsmitgliede dagegen eine weitere Berufung offen, indem insbesondere der Rechtsweg hierüber ausgeschlossen ist.

———

b.

Motive

zum Musterstatut 2c. bei den von der früheren Redaktion abweichenden Bestimmungen.

(Bemerkung: Der Buchstabe B. bezeichnet die IV. Auflage des angeführten Buches des Verfassers.)

Zu §. 1. Die bloß redactionelle Differenz zwischen dem Musterstatut (Buch S. 281) und der gegenwärtigen Fassung rührt daher, daß im ersteren die Gründung einer ganz neuen Genossenschaft, im letzteren die Umleitung einer schon früher bestehenden, die sich dem Genossenschaftsgesetz unterordnen will, in das Auge gefaßt ist.

Zu §. 4 wegen der Amtsdauer wie zu §. 1. (Buch S. 188.) Im Uebrigen erschien die Verlegung der Initiative bei den Vorstandswahlen in die Hände des Ausschusses um deßwillen geboten, weil sich die Sache praktisch, mit Rücksicht auf die in der Note (S. 285 des Buchs) hervorgehobene Nothwendigkeit von Verhandlungen mit den Candidaten vor der Wahl ohnehin auch dann bisher nicht anders gestaltete und stets Vorschläge Seitens des Ausschusses erfolgten, auch wo das Recht dazu demselben im Statut nicht eingeräumt war.

Zu §. 15. Daß, wo der Kassirer nur Beamter, nicht Vorstandsmitglied ist, er bei Vollziehung der Zahlungsanweisungen nicht mitwirkt, ist selbstverständlich. Vgl. die Note S. 188 B. und das hierüber weiter unten im II. Abschnitt Nr. 3 im Zusammenhang Beigebrachte.

Zu §. 16. Die doppelte Zeichnung bei allen Einzahlungen, namentlich auch der Spareinlagen, ist das einzig wirksame Mittel zur Verhütung von Defecten, wie sie fast immer gerade bei diesem Geschäftszweig durch die Leichtigkeit veranlaßt werden, mit welcher Unterschlagungen einzelner kleiner Posten bei fortdauerndem Zufluß verdeckt werden können. Auch wo die Kassensachen durch Beamte verwaltet werden, ist daher eine solche dem Kassirer an die Seite zu setzende Controle dringend nothwendig.

Zu §. 19. 20. Erschien die Vervollständiguug der Einzelfunctionen des Directors zweckmäßig, ebenso die Scheidung der Aushülfe der Vorstandsmitglieder unter einander, bei kurzen Behinderungen, von der Anordnung einer förmlichen Stellvertretung, wie sie §. 21 enthält. Daß Controleur und Kassirer einander niemals vertreten dürfen, soll nicht der ganze Zweck der Kassencontrole vereitelt werden, ebensowenig wie der Kassirer den Director, bedarf keiner Begründung. Endlich kann von dieser gegenseitigen Aushülfe natürlich, selbst bei ganz kurzen Behinderungen, nicht die Rede sein, wenn zwei Vorstandsmitglieder davon gleichzeitig betroffen werden, weil es dann an der Möglichkeit der doppelten Zeichnung fehlt, an welche die statutenmäßige Fortführung der Geschäfte geknüpft ist.

Zu §. 21. Hier ist, gegen die frühere Fassung, die persönliche Anzeige der stattfindenden Stellvertretung beim Handelsgericht nicht blos den eintretenden neuen Stellvertretern, sondern — da eine solche Stellvertretung doch immer nur gleichzeitig bei einzelnen Vorstandsmitgliedern Platz greift — zugleich den in Function bleibenden alten Vorstehern auferlegt, was dem Geiste des Gesetzes und der ausdrücklichen Bestimmung der dazu erlassenen Justiz-Ministerialinstruction vom 2. Mai 1867 §. 24. 25. (cf. S. 245 B. besser entspricht.

Zu §§. 22. 24. Es wird jedenfalls, um Entschädigungsansprüche der Vorstandsmitglieder für den Fall ihrer wegen Pflichtwidrigkeiten erfolgten Entlassung zu vermeiden, gerathen sein, in den mit ihnen wegen ihrer Amtirung und Besoldung abzuschließenden Verträgen diese Entschädigungsansprüche, wenn der Grund ihrer Entlassung in ihrem statutenwidrigen Verhalten liegt, ausdrücklich auszuschließen.

Zu §. 28. Daß — wie schon §. 12 in Beziehung auf Vorstands-Sitzungen festsetzt — auch bei Ausschußsitzungen nur alsdann die Mittheilung der Tagesordnung bei der Einladung dazu erforderlich ist, wenn sie in außergewöhnlichen Fällen besonders anberaumt werden, versteht sich von selbst. Bei regelmäßig zu bestimmter Zeit und am bestimmten Orte Statt findenden, zu denen überhaupt nicht besonders eingeladen wird, ist eine solche Mittheilung nicht möglich. Die Mitglieder beider Körperschaften sind schon durch ihr Amt verpflichtet, sich dazu einzufinden, um über Alles, was das Vereinsgeschäft mit sich bringt, soweit es zu ihrer Competenz gehört, zu befinden, und es würde den Geschäftsgang unendlich schwerfällig, ja die rasche Erledigung schleuniger Angelegenheiten, welche vielleicht erst unmittelbar vor oder in den Sitzungen selbst in Frage kommen, geradezu unmöglich machen, müßte jedes einzelne Mitglied vorher erst davon benachrichtigt werden.

Zu §. 32. Hier mußten rücksichtlich der, im Falle der Suspension des Vorstandes, anzuordnenden Stellvertretung die im §. 21 enthaltenen Maaßregeln ebenfalls eintreten, und nur, der ausdrücklichen Bestimmung der dort erwähnten Ministerial-Instruction §. 25 gemäß, für den Fall: daß der gesammte Vorstand, nicht blos einzelne Mitglieder desselben, vom Ausschusse suspendirt wird, darin eine Abänderung erleiden: daß alsdann der Ausschuß rücksichtlich der Anzeige beim Handelsgericht an die Stelle des Vorstandes tritt. Die Mitwirkung der ernannten Stellvertreter dabei ist hier, wie im §. 21, beibehalten, weil die Zeichnung ihrerseits doch einmal vor dem Gericht erfolgen oder in einem beglaubigten Acte beigebracht werden muß.

Zu §. 35. 37. Die frühere Fassung des Musterstatuts, wonach Vorstand und Ausschuß, sofern die Bewilligung der Credite nicht dem Vorstande allein unter Zugrundlegung einer Creditfähigkeitsliste überlassen war — zusammen in gemeinschaftlicher Sitzung, über die Creditgesuche Beschluß faßten, so daß die Vorsteher- und Ausschußmitglieder gleichmäßig dabei mitwirkten, ist jetzt dahin geändert, daß der Vorstand die Genehmigung seiner Bewilligung beim Ausschusse in jedem einzelnen Falle einholt. Demnach sind die Functionen beider Organe hierbei gegenwärtig getrennt. Der Vorstand hat die erste Prüfung der Creditgesuche, die er allein für sich abweisen, aber nicht bewilligen kann; zur Bewilligung der ihm zulässig erscheinenden Gesuche gehört vielmehr die Genehmigung des Ausschusses. In der That ist dies der Stellung, welche Vorstand und Ausschuß gesetzlich und statutenmäßig gegen einander einnehmen, vermöge deren der erstere die verwaltende, der letztere die controlirende Behörde sein soll, besser entsprechend, denn durch die Ueberzahl der Ausschußmitglieder in der gemeinschaftlichen Sitzung würde sonst die wichtigste Operation der Verwaltung eines Bankgeschäfts, die Creditbewilligung, dem Vorstande geradezu entzogen und wesentlich in die Hände des Ausschusses gelegt, dieser aber dadurch viel zu unmittelbar mit der Geschäftsführung selbst befaßt. Wenn dies schon der Ausübung seiner Controlbefugnisse im Allgemeinen Eintrag zu thun geeignet ist, so kommt bei diesem Geschäftszweige noch hinzu: daß die Ausschußmitglieder von der Creditentnahme aus der Vereinslasse selbst nicht ausgeschlossen sind, den Vorstehern also bei Wahrnehmung eines so wichtigen Vereinsinteresses bis zu einem gewissen Grade freie Hand gelassen werden muß.

Zu §. 35 litt. e. Die Bestimmung über die Höhe der Zinsen ꝛc., welche früher meist der Generalversammlung überlassen war, schien um deßwegen besser dem Vorstande und Ausschusse anvertraut werden zu sollen, weil die Verhältnisse des Geldmarktes nicht selten Veränderungen darin ziemlich rasch nothwendig machen können. Vor die Generalversammlung kann die Maaßregel ja doch im Beschwerdewege (cf. §. 48 Nr. 8 des Musterstatuts) jeden Augenblick gebracht werden.

Zu §. 41. Da die Wahl der Vorstände und Ausschüsse vor Abschluß des Geschäftsjahres erfolgen muß, damit sie beim Beginn des nächstfolgenden Jahres ihr Amt antreten, und die Bestände der Kasse an Documenten, Werthpapieren und Gelde gleich mit Beendigung der Inventur am Jahresschlusse übernehmen können, wird dieselbe entweder in der III. Quartal- oder in einer außerordentlichen General-Versammlung vorzunehmen und dies den Umständen in jedem Falle zu überlassen sein.

Zu §. 48. Die kurze Vervollständigung der Competenzen der General-Versammlung zu Nr. 4 und 13 bedarf keiner Rechtfertigung. Insbesondere ist die Stellung eines Procuristen und Kassenbeamten eine so verantwortliche, daß bei ihrer Ernennung den Vereinsmitgliedern eine Mitwirkung nicht entzogen werden durfte.

Zu §. 49. Von mehreren Seiten ergangene Anfragen ließen den selbstverständlichen Zusatz über die rechtliche Aufnahmefähigkeit räthlich erscheinen.

Zu §. 63. cf. zu §§. 86. 87.

Zu §. 68. Verweisen wir wegen des Ausschlusses des Vorstandes von der Creditentnahme aus der Vereinskasse nach wie vor auf S. 191. 192 B., sowie das ausführlich weiter unten Absch. II. Nr. 2 Beigebrachte, und ist dieser §. nur hinsichtlich der Bürgschaften ergänzt. Es ist nämlich der Ausschluß der Vorstandsmitglieder von der Bürgschaft für die von ihnen selbst bewilligten Credite eine im Interesse geordneter Verwaltung unumgänglich nothwendige Maßregel, welche von der Anwaltschaft vielfach empfohlen und nur durch Uebersehen in den früheren Fassungen des Statuts weggeblieben ist. Bei der großen Vertretungspflicht der Vorstände gegen den Verein wegen der völlig in ihre Hände gegebenen Verwaltung der Vereinskasse und sonstigen Geschäfte, für welche die von ihnen bestellten Cautionen nur unvollkommene Deckung bieten, kann ein weiteres Engagement der Vorsteher durch Uebernahme von Garantieen für die Credite der Vereinsmitglieder, nicht zugelassen werden, weil es den Werth der Sicherheit, die sie dem Verein bieten, schwächt. Diese Rücksicht wird aber noch durch den Mißbrauch verstärkt, welcher dadurch erwächst, daß viele Mitglieder aus Bequemlichkeit, um der Bemühung um Bürgen überhoben zu sein, die ihnen näher bekannten Vorsteher gleich bei Einreichung ihrer Creditgesuche wegen Uebernahme der Bürgschaft bestürmen, wogegen diese letzteren im eignen wie im Vereinsinteresse durch die betr. Statutenbestimmungen geschützt werden müssen.

Zu §. 70. Wie bedenklich die Beibehaltung der früheren Praxis ist, wonach das volle Guthaben (Geschäftsantheil) der Mitglieder in der Vereinskasse mit der Folge beliehen wurde, daß man von jeder weiteren Sicherstellung eines solchen Vorschusses absah, ist bereits im Buch S. 155, 156 erwähnt. Den mehrfachen auf den Verbands- und Vereinstagen hierüber aufgetauchten Meinungsverschiedenheiten zu begegnen, fügen wir jener Ausführung noch Einiges hinzu. Daß und wie bei schlechtem Stande der Vereinsgeschäfte, bei allgemeinen Credit- oder besonderen Vereinskrisen, das massenhafte Herausziehen der Geschäftsantheile in Form von darauf entnommenen Vorschüssen, zur Insolvenz der Vereinskasse führt, ist dort erwähnt. Wie leicht aber durch einen solchen augenblicklichen Mangel an bereiten Zahlmitteln der Ruin des Vereinsgeschäfts herbeigeführt werden kann, springt in die Augen, da sich dieser Mangel beim Andrange der Vereinsgläubiger durch das Vorhandensein wenn auch noch so guter Ausstände und Forderungen in der Vereinskasse, die sich doch immer erst nach einem längeren oder kürzeren Zeitraume realisiren lassen, nicht ausgleicht. Soll man nun gar die Mitglieder, welche sich mittelst der durch die erwähnte Operation verdeckten Herausziehung ihrer Geschäftsantheile von dem Miteinstehen für die Vereinsschulden frei zu machen suchten, zu einem sofortigen Wiedereinschießen der erhobenen Summen also in Güte schwerlich zu bewegen sind, auf Grund der Solidarhaft erst auf Beschaffung der baaren Deckungsmittel verklagen: so wird man auf diesem Wege die Concurseröffnung und somit die Schließung des Vereinsgeschäfts, mit dem unausbleiblichen Gefolge von Unkosten und Verlusten jeder Art, gewiß nicht aufhalten. Nach alledem wird man es verstehen, wenn der Verfasser die vollständige Abschaffung der Beleihung der Geschäftsantheile allen Vereinen, deren Geschäfte einen irgend nennenswerthen Umfang annehmen, als das Ziel ihrer ferneren Entwickelung empfiehlt, und die in diesem Paragraphen des Statuts normirte Beschränkung der Beleihung auf die Hälfte des Guthabens nur als eine Uebergangsbestimmung vorschlägt, insofern sich jenes Ziel nicht mit einem Male erreichen läßt. Daß indessen das Letztere möglich ist, haben die Vertreter des Mittelrheinischen und Rheinpfälzischen

Genossenschafts-Verbandes (cf. S. 221 und 222 des Buches —, davon der erstere 37, der letztere 12 Vorschußvereine umfaßt — auf dem Vereinstage in Quedlinburg anerkannt, und ist bei einer Anzahl dieser Vereine der Mißstand bereits definitiv beseitigt. Daß man übrigens auch bei denjenigen Vereinen, welche die theilweise Beleihung des Guthabens beibehalten, jeden Anspruch der Mitglieder darauf ausschließt, und es so dem Vorstande wenigstens möglich macht, in bedenklichen Zeiten und Fällen davon abzugehen, bedarf nach Vorstehendem keiner weiteren Begründung, und ist durch die neuere Fassung dieses Paragraphen gewahrt.

Zu §§. 86. 87. Hier ist die ganze Materie, wie es bei Auflösung des Vereins, besonders bei ungünstigem Stande des Vereinsvermögens, mit der Liquidation zu halten, zusammen behandelt, namentlich das Verhältniß des Reservefonds zu dem Guthaben dabei festgestellt. Redactionell ist ferner durch genaue Scheidung der Bezeichnungen „Vereinsvermögen" und „Activbestände der Vereinskasse" manchen Mißverständnissen vorgebeugt, indem mit ersterem Ausdrucke immer nur, der Definition des §. 2 dieses Statuts gemäß, der eigne Fond des Vereins an Gesammt- und Mitgliedervermögen gemeint ist, welche beide in der Bilanz natürlich niemals als Activen figuriren, sondern mit unter den Passiven angesetzt werden müssen, um festzustellen, ob und inwieweit sie durch die Geschäftsbestände gedeckt, oder im Geschäft verloren sind.

Dabei war der einzigen Abweichung Rechnung zu tragen, welche zwischen der bei der Liquidation des Geschäfts vorzunehmenden Bilanz und der am Ende jedes Rechnungsjahres nach §. 78 des Statuts stattfindenden obwaltet. Da es sich bei der Liquidation um die Uebersicht des Geschäftsstandes bei dem Schlusse des Vereinsgeschäftes handelt, so kann von einer Ausscheidung der voraus erhobenen Zinsen aus den Geschäftserträgnissen behufs deren Uebertragung in die Rechnung des nächstfolgenden Geschäftsjahres nicht die Rede sein, weßhalb dieselben nicht zum Ansatz unter den Passiven zu bringen sind.

II.

Einzelnes zur Umleitung und Organisation der Vereine.

1.

Die Behufs der Eintragung beim Handelsgericht erforderlichen Schritte.

Indem wir bei diesem Thema auf das in dem bezügl. Buche S. 29. 40. und in den Nr. 22. 29. 30. Jahrgang 1867 unserer Zeitung*) Ausgeführte zurückverweisen, fassen wir die erforderlichen Schritte zur Erlangung der Eintragung in das Genossenschaftsregister — wovon bekanntlich die im Gesetz den eingetragenen Genossenschaften gewährleisteten Rechte abhängen — vollständig zusammen.

An erster Stelle steht die **schriftliche Abfassung des Gesellschaftsvertrages, d. h. des Vereinsstatuts****) (§. 2 des Ges.). Dabei ist von jeder Beglaubigung dieses Actes abgesehn, und genügt die einfache Unterschrift der dem neuen oder revidirten Statut bis zur Einreichung des Vertrags beim Gericht beigetretenen Mitglieder. Für spätere Beitritte zum Verein wird nur die **schriftliche, durch Namensunterschrift vollzogene Beitritts-Erklärung** erfordert.

So einfach die Sache hiernach bei neu errichteten Vereinen liegt, so ist doch bei Umleitung der bereits bestehenden Manches zu bedenken. Hier haben die Mitglieder das frühere Statut bereits

---

*) „Blätter für Genossenschaftswesen (Innung der Zukunft)", herausgegeben von Schulze-Delitzsch ꝛc., Leipzig bei E. Keil. (Jahres-Abonnement 1⅓ Thlr.)

**) Daß zu dem Statut der tarifmäßige Stempel von 15 Sgr. in Preußen verwendet werden muß, dürfen wir als bekannt voraussetzen. Eine Vernachlässigung hierbei würde die schlimmsten Folgen für die Vereinsmitglieder herbeiführen, von denen jedes mehrere Thaler Strafe zu zahlen hätte.

unterschrieben; genügt dies nun, oder wird eine wiederholte Unterschrift nothwendig, wenn dieses frühere Statut im Wege der Revision den Erfordernissen des Genossenschaftsgesetzes gemäß umgestaltet
wird? — Dies könnte in der That fraglich sein, wenn man die
Revision in Form von bloß zusätzlichen Abänderungen und Ergän-
zungen des alten Statuts vornimmt, dieselben als Gesellschaftsbeschlüsse
dem alten Statut anhängt und dieses selbst beim Handelsgericht nebst
allen Unterschriften mit einreicht. Indessen müssen wir ernstlich ab-
rathen, die Angelegenheit auf diese Weise ohne Noth in den Bereich
der juristischen Streitfragen zu spielen. Die alten Statuten müssen,
um dem Gesetz zu entsprechen, fast in allen wesentlichen Theilen
umgearbeitet werden, und es dürften nur sehr vereinzelte Paragraphen
derselben ohne Veränderung stehen bleiben. Welche heillose Ver-
wirrung und Unsicherheit über die Geltung des Alten und Neuen,
über die Ordnung der wichtigsten Rechtsverhältnisse unter den Gesellschaftern würde also daraus entstehen, wollte man die Revision in
Form eines bloßen Anhangs feststellen! — Wirklich hat auch Niemand bisher an ein solches Verfahren gedacht, und überall ist man
zur Ausarbeitung eines vollständigen, das Alte und Ungültige gänzlich
ausscheidenden Documentes gelangt, welches, ohne jede Rückbeziehung
auf die frühere Fassung, als revidirtes Statut, d. h. soviel als
neues, unter völliger Außerkraftsetzung des alten, zur Einreichung
beim Handelsgericht gelangte. Damit ist aber auch die Sache ent-
schieden, und die Unterzeichnung unerläßlich, widrigenfalls die Zurück-
weisung des Eintragungsgesuchs vom Gericht erfolgen müßte. Erhält
doch jede schriftliche Urkunde durch die Unterzeichnung der Betheiligten
überhaupt erst rechtliche Existenz. Wenn daher das Gesetz die Einreichung eines schriftlichen Vertrags verlangt, und man reicht ein
solches Schriftstück ohne Unterschriften ein, so ist dies eben kein
schriftlicher Vertrag, und der Richter kann einem solchen nichtigen
Acte keine Folge geben. Das Verweisen auf die Unterzeichnung des
alten Statuts ersetzt dies nicht. Da die Rechte und Pflichten der
Mitglieder in diesem neu redigirten Document wesentlich anders, als
in dem früheren festgestellt sind, muß eben das erstere, als die gegenwärtige vertragsmäßige Grundlage der Gesellschaft, die Sanction der
Unterschrift erhalten, wenn der Richter dessen Bestimmungen als
Unterlage zu den Eintragungen im Genossenschaftsregister betrachten
soll, wogegen aus dem früheren Statut höchstens die Verpflichtung
der bisherigen Mitglieder abgeleitet werden kann, die revidirte Urkunde
zu vollziehen.

Und dies ist der Punkt, welcher in Bezug auf die vollständige
Unterzeichnung des revidirten Statuts Seitens aller bisherigen Mitglieder im Auge zu behalten ist, indem erfahrungsmäßig in den zu

solchen wie zu andern Zwecken anberaumten Generalversammlungen immer nur ein Theil, niemals die Gesammtheit der Mitglieder zusammenzubringen ist. In den alten Statuten sind jedenfalls Bestimmungen enthalten darüber, daß und wie dieselben abgeändert werden können; über die Verpflichtung der Mitglieder, sich den Statuten und späteren Gesellschaftsbeschlüssen zu unterwerfen u. s. w. Auf diese Weise kann man dann leicht die Verpflichtung zur Unterzeichnung des revidirten Statuts, wo möglich gleich in der zur Annahme desselben bestimmten Generalversammlung mit aussprechen und eine Frist von 8—10 Tagen bestimmen lassen, innerhalb deren die Unterschrift erfolgen muß, widrigenfalls der Ausschluß aus dem Vereine erfolgt. Natürlich hat die Anmeldung beim Handelsgericht, mit welcher das Statut eingereicht werden muß, so lange Anstand, vielmehr wird dasselbe währenddem zur nachträglichen Unterzeichnung ausgelegt, demnächst aber die Namen derjenigen Mitglieder, welche auch diese Frist versäumen, aus der mit dem Statut zugleich beim Gericht einzureichenden Mitgliederliste weggelassen und dieselben durch weitern förmlichen Beschluß aus dem Vereine ausgeschlossen. In besonderen Fällen kann auch Einzelnen, denen wirkliche Entschuldigungsgründe zur Seite stehen, die Vollziehung einer nachträglichen Beitrittserklärung nachgelassen werden.

In Betreff der zu den genannten Zwecken nothwendig werdenden Generalversammlungen heben wir Folgendes hervor. Wenn das Genossenschaftsgesetz und demzufolge der neue oder revidirte Statutenentwurf für die Einberufung der Generalversammlung, deren Leitung und Beschlüsse besondere Vorschriften enthält, so versteht es sich von selbst: daß diese für die erste Versammlung, in welcher sich ein Verein neu constituirt, oder sein früheres Statut revidirt, um es nach den Erfordernissen des Gesetzes umzuändern, nicht maaßgebend sein können. So würde es z. B. geradezu unmöglich sein, daß die Berufung und Leitung der fraglichen Versammlung zur Constituirung eines noch gar nicht existirenden, sondern erst zu schaffenden Vereins, von Ausschüssen oder Vorständen desselben ausgehen könnte, welche in der Versammlung ja erst gewählt werden sollen. Ebenso wenig kann bei einem ältern Verein bei Berufung der Versammlung zu dem bez. Zwecke anders als nach den Bestimmungen des alten Statuts verfahren werden. Wie das neue der Annahme bedürftige Statut — das halte man ein für allemal fest — erst in der Versammlung selbst Geltung erhält, so tritt auch das Gesetz, dem sich der Verein durch das Statut unterordnet, für ihn erst nach dem Beschlusse der Versammlung über dessen Annahme in Kraft. Beide, Statut und Gesetz, können also niemals auf diesenigen Acte, welche vor der fraglichen Beschlußnahme in der Versammlung stattgefunden haben, zurückbezogen werden, sind also für die Einberufung und Leitung dieser Versammlung nicht maßgebend.

Indessen so selbstverständlich dies ist, so sehr es den fundamentalsten Rechtsgrundsätzen entspricht, wird man in diesen Dingen doch darauf gefaßt sein müssen, auf allerlei Schwierigkeiten bei den Gerichten zu stoßen, so lange denselben namentlich die ganze Angelegenheit noch neu ist. Deshalb ist es gerathen:

a) auch zu der ersten behufs Constituirung oder Umleitung eines Vereins anstehenden Versammlung in demjenigen Blatte einzuladen, welches nach dem neuen Statute dazu bestimmt werden soll;

b) die Einladung möglichst von dem dazu in dem neuen Statute bestimmten Organe der Gesellschaft ausgehen zu lassen, was bei älteren Vereinen keine Schwierigkeiten haben wird, da jedenfalls Vorstände und Ausschüsse zu diesem Zwecke vorhanden sind, während es sich für neu zu constituirende Vereine empfiehlt, daß die Einladung von einem „Gründungsausschuß" ausgeht, und eine von diesem bestimmte Person sie als „Vorsitzender des Gründungsausschusses" unterzeichnet, welcher dann auch den Vorsitz in der Versammlung führt und den Schriftführer ernennt;

c) bei den behufs der Beschlußfassung und Wahlen vorzunehmenden Abstimmungen, bei Aufnahme und Unterzeichnung des Protokolls über die Verhandlungen, sowie überhaupt bei den letzteren genau nach den Vorschriften des neuen Statuts zu verfahren.

Sollten alsdann noch desfallsige Bemängelungen wegen Nichtbeobachtung der gesetzlichen Vorschriften vorkommen, wegen deren die Eintragung in das Genossenschaftsregister ausgesetzt wird, so wird einfach eine zweite Versammlung anberaumt, in welcher die Verhandlungen und Beschlüsse der ersten, namentlich die Wahlen, einfach bestätigt werden. Bei Berufung, Leitung und Verhandlungen dieser zweiten Versammlungen beobachtet man dann in allen Stücken die in dem bereits angenommenen Statut vorgeschriebenen Formen.

Zugleich mit dem Statut ist die Mitgliederliste einzureichen, ehe die Eintragung erfolgen kann, da die jederzeitige Einsicht dieser Liste vom Gericht dem Publikum gleich bei der Veröffentlichung des Auszugs aus dem Gesellschaftsvertrage freigestellt werden muß. (§. 4 am Schluß Gen.-Ges. und §. 21 Justiz-Ministerial-Instruct.) Schon der Uebersichtlichkeit wegen wird diese Liste alphabetisch zu ordnen sein, und obenein verlangt dies das Gesetz (§. 24) ausdrücklich von dem nach jedem Jahresschluß erneuert einzureichenden Mitgliederverzeichniß. Uebrigens schreibt die Justizministerial-Instruction das anzuwendende Schema (§. 21) besonders vor, welches wir, ob-schon die drei ersten darin vorkommenden Rubriken sich eigentlich von selbst verstehen, unten folgen lassen, damit nicht die Schlußrubrik übersehen wird, welche behufs der Ausfüllung Seitens des Gerichts für den darin bezeichneten Fall offen zu lassen ist. Da die Ministe-rial-Instruction kategorisch verordnet, daß man sich dieses Formulars bei der Anmeldung bedienen solle, und das Gesetz (§. 57) auf diese Ministerial-Instruction ausdrücklich in dieser Beziehung verweist, so liegt überall um so weniger ein Grund für die Vereine vor, einen Conflict mit den Gerichten durch Nichtbeachtung dieser Anordnung herbeizuführen, als dieselbe ihre gesetzliche Verpflichtung in keiner Weise erschwert, ein Streit darüber aber ihre Eintragung in das Genossenschaftsregister verzögert und schwerlich zu ihren Gunsten ent-schieden wird.

Daß die Liste vollständig und richtig sein muß, soll sie ihrem Zwecke entsprechen, liegt auf der Hand. Dieser besteht in nichts Anderem, als:

einerseits dem Publikum, insbesondere den Gläubigern, den nö-thigen Anhalt über die Creditfähigkeit der Genossenschaft im All-gemeinen, und über deren Alterirung durch Wechsel im Mitglieder-bestande im Besondern zu geben, um nöthigenfalls gegen die Aus-scheidenden ihre Rechte zu wahren;

andererseits die Verhaftung der Mitglieder für die Genossen-schaftsschulden unter einander durch Feststellung der Dauer der Mit-gliedschaft zu regeln. (§. 38 des Gen.-Ges.)

Die Vorstände, welche dieselbe einzureichen haben, sind daher für die Vollständigkeit und Richtigkeit derselben bei Strafe (§. 55 Gen.-Ges.) dem Gerichte verantwortlich und haben es sehr genau da-mit zu nehmen. Unter Verweisung auf das über die Unterzeichnung des Statuts oder der Beitrittserklärung Gesagte wird man daher die Liste mit dieser Unterzeichnung in Einklang zu setzen haben, weil ohne jene Unterzeichnung die Mitgliedschaft nicht constatirt wird. Wenn auch der Richter nicht direct zur Vergleichung der Liste mit dem Statut verpflichtet ist, kann er doch seine Ausstellungen gegen die Vollständigkeit oder Richtigkeit derselben, aus der ihm über-tragenen Strafgewalt jederzeit herleiten, weshalb wir vor der-dergleichen Verstößen Seitens der Vereinsvorstände, bei denen das Gesetz nicht auf ihrer Seite ist, warnen. Wenn daher Mitglieder, deren Festhalten am Vereine unzweifelhaft ist, bei Einreichung des Vertrags und der Liste, den erstern oder die Beitrittserklärungen noch nicht unterzeichnet haben, erscheint es sicherer, sie vorläufig nicht in die Liste aufzunehmen, sondern sie erst nach Unterzeichnung der Beitrittserklärung bei den späteren Quartalsanzeigen als Mitglieder anzumelden. Dies erscheint um so eher zulässig, als durch die spätere Unterzeichnung ihre Verpflichtung für die früheren Vereinsschulden nach §. 11 alin. 2 des Genoss.-Gesetzes nicht alterirt. Sodann kommt die Firma in Betracht, welche die Vereine anzunehmen haben, welche, ohne Benennung von Personen, vom Gegenstand des Unternehmens entnommen sein, sich von allen andern am Orte bestehenden Genossenschaftsformen unterscheiden und den Zusatz „eingetragene Genossenschaft" enthalten muß.

Seitens der älteren Vereine ist hier Mehreres wahrzunehmen, um ihren unveränderten Vermögensstatus aus dem Bestande unter der alten Form beim Uebergang in die neue gegen mancherlei Anfechtungen zu sichern, und die Rechtscontinuität dieserhalb aufrecht zu halten. Wichtig ist es deshalb, die frühere Firma oder Benennung — natürlich mit dem unerläßlichen Zusatz der Eintragung — möglichst beizubehalten, was wohl in allen Fällen thunlich sein wird, da diese Benennungen überall gerade von dem Gegenstande des Unternehmens ohne Zufügung von Personennamen hergeleitet waren. Ebenso ist an der Spitze des revidirten Statuts der Fortbestand des früheren Vereins, die bloße Umleitung seiner Verfassung in die Formen des neuen Gesetzes, ausdrücklich zu betonen, in der Art, wie dies das Musterstatut enthält.

Indessen sind das alles nur vorläufige Maßregeln zur Erleichterung des Uebergangs in den neuen definitiven Zustand, und man darf sich nicht dabei beruhigen, vielmehr beginne man ungesäumt mit der Umschreibung sowohl der Activ-Forderungen der Vereine, wie ihrer Passivschulden auf die erst gegenwärtig zum Firmenrecht gelangte eingetragene Genossenschaft. Ist doch deren ganze privatrechtliche Stellung durch die Gewährung der rechtlichen Persönlichkeit, vermöge deren sie Trägerin von Rechten und Pflichten in ihrer Gesammtheit ist, auf ihren Gesammtnamen klagt und verklagt wird, eine völlig andere geworden wie bisher, und die alten Documente sind nicht geeignet, Forderungen so wenig für als gegen sie in der Form geltend zu machen, wie ihre veränderte rechtliche Stellung dies erheischt. Was zuerst die Forderungen des Vereins an die Vereinsschuldner betrifft, so konnten dieselben ja bisher, besonders die Wechsel und die Hypotheken, wenn der Verein nicht ausnahmsweise Corporationsrechte besaß, nicht auf den Verein, sondern mußten auf Beamte desselben, als nominelle Gläubiger, geschrieben werden. Hier ist die Uebertragung durch Indossament und Cession Seitens der letzteren auf den Verein leicht zu bewerkstelligen, wenn auch im letzteren Falle nicht ohne Kosten, welche man durch Aufnahme einer einzigen General-Ceffion über fämmtliche Schuldscheins- und Hypothekenforderungen zusammen ermäßigen kann. Mit den Documenten über die Schuldverpflichtungen des Vereins andererseits sind die Gläubiger den größten Weiterungen wegen der Paffiv-Legitimation für den Fall der Einklagung ausgesetzt, weil sie es darnach nur mit fämmtlichen zur Zeit der Eingehung der Verpflichtung dem Vereine angehörigen Mitgliedern, aber als Einzelne, und nicht mit dem Verein und deffen Gesellschaftsvermögen als stetiger Rechtseinheit zu thun haben. Hier werden daher in den meisten Fällen die Gläubiger felbst, der größeren Rechtssicherheit halber, neue Documente verlangen, welche sie in Bezug auf die Haftbarkeit des Vereins und seiner Mitglieder nach dem Genossenschaftsgesetz völlig sicherstellen, und man würde sich in vielen Fällen ihrer Kündigung aussetzen, wollte man dies verweigern. Anderntheils haben aber auch die Vereinsvorstände und Ausschüsse, insofern sie, wie nicht selten im Verkehr mit Großbanken, besonders bei Creditnahme für den Verein im Wechselverkehr, mit ihrem Namen in die Wechselverbindlichkeit eingetreten sind, das größte Interesse, sich dieser immerhin gefährlichen Stellung zu entledigen und die Verbindlichkeit auf den Verein übertragen zu lassen, den sie angeht und der sich ihrem berechtigten Verlangen nicht wird entziehen können. So wird die Umschreibung der Schuldocumente des Vereins nicht zu vermeiden sein, was auch auf die Sparbücher über die freiwilligen Einlagen, die man am Schlusse des Rechnungsjahres der Zinsenabhebung oder Gutschrift halber ohnehin einzufordern hat, auszudehnen ist, und man soll und darf die im Vergleich zu den erlangten Vortheilen höchst geringfügigen Kosten dieser Erneuerung der Schuldocumente nicht scheuen, um die einschlagenden Verhältnisse in jeder Weise klar zu stellen und den Credit der Vereine durch diejenigen Garantien zu festigen und zu heben, welche die Einfügung derselben in das moderne Gesellschaftsrecht im Gefolge hat.

Die außer den vorstehenden formellen Erforderniffen im Genossenschaftsgesetz (§. 3 u. a.) in Bezug auf den materiellen Inhalt des Gesellschaftsvertrages (Statuts) aufgestellten Normativ-Bedingungen sind im Musterstatut und deffen Motiven, wie sie theils in dem bez. Buche des Verfaffers enthalten, theils gegenwärtig neu beigegeben sind, gewahrt und zur Anschauung gebracht, und daher hier nicht noch besonders zu erläutern. Dagegen erübrigt noch als einer der wichtigsten unter den behufs Erlangung der handelsgerichtlichen Eintragung zu thuenden Schritten: die Wahl der Vorstände und Ausschüsse, sowie die Anmeldung und und Zeichnung der ersteren beim Gericht.

Nach §. 4 in Verbindung mit §. 16 und 54 des Gen.-Gesetzes kann nämlich die Einreichung des Statuts und der Mitglieder-

lifte, sowie der Antrag auf die Eintragung in das Genossenschaftsregister, von Niemand anders als vom Vorstande ausgehen, der
die Genossenschaft allein gerichtlich und außergerichtlich vertritt und
vom Handelsgericht sogar von Amtswegen durch Ordnungsstrafe zu
jenen Acten angehalten werden kann. Schon aus diesem Grunde
muß die Einsetzung eines Vorstandes auf alle Fälle der Anmeldung
beim Gericht zu dem genannten Zwecke vorangehen. Dazu kommt
aber noch: daß die Genossenschaft ehe nicht die für ihre geschäftlichen
Operationen nach dem Gesetz wie nach dem Statut nothwendigen
Organe bestellt sind, gar nicht in Function zu treten, nach außenhin
irgend ein Lebenzeichen zu geben, in den Verkehr einzutreten im Stande
ist. Auch dies bedingt durchaus die vorherige Wahl des Vorstandes, und, insofern im Statut diesem ein Ausschuß (Verwaltungsrath ꝛc.) bei der Geschäftsführung zur Seite gesetzt ist, auch
die Wahl des Ausschusses, weil alsdann ohne den letzteren
eben auch von einer statutenmäßigen Aufnahme der Geschäfte im
Sinne des Gesetzes (§§. 20. 27) nicht die Rede sein kann.

Wiederum ist hier, so einfach die Sache für die neu entstehenden
Vereine liegt, des Verhältnisses der bisher schon existirenden zu gedenken, insofern bei ihnen Vorstände und Ausschüsse bereits vorhanden
sind, in deren Wahlperiode die Umleitung des Vereins hineinfällt,
wobei es fraglich wird: ob in solchen Fällen sogleich, oder erst nach
Ablauf der Wahlperiode, mit der Neuwahl vorgeschritten werden soll.

Wir rathen zur sofortigen Vornahme von Neuwahlen. Der
Grund dafür liegt in den durch das Genossenschaftsgesetz völlig veränderten
Stellungen und Befugnissen beider Organe. So haben die Vor-
stände eine weit größere Verantwortlichkeit, sowie eine weit größere
Machtvollkommenheit gegen früher erhalten, und müssen weit höheren
Anforderungen an Qualification und Leistungen hinsichtlich der Geschäftsführung genügen. Andererseits verlieren die Ausschüsse einen
Theil ihrer bisherigen Functionen in der Verwaltung, wogegen ihre
Controlbefugnisse sehr wesentlich, bis zur vorläufigen Suspension
der Vorstände, verstärkt sind. Sowohl die Mitglieder der Vereine,
als auch die Vorstands- und Ausschußmitglieder selbst haben sich daher
ernstlich zu fragen, in wie weit die bei Vornahme und Annahme
der früheren Wahl nach beiden Seiten hin entscheidenden Rücksichten
noch für das neue Verhältniß zutreffen. Nicht selten treten die
bisherigen Functionäre von selbst entweder ganz zurück, oder doch in
eine andere Stellung, indem z. B. manche der bisherigen Directoren
aus dem Vorstande zum Ausschuß übergehen und dort zu Vorsitzenden
bestellt werden. Dazu kommt die Nothwendigkeit einer ganz neuen
Ordnung der Besoldungsverhältnisse, indem die bisherigen Entschä-
digungen der Vorstände, bei der erhöhten Mühewaltung und Verant-

wortlichkeit, entweder sich als unzureichend ausweisen, oder die Auf-
bringung und Vertheilung in der bisherigen Weise, der veränderten
Geschäftseinrichtungen halber, nicht länger thunlich erscheint. Mit
der Hinfälligkeit der früher, sowohl über die Leistungen der Vorstände 2c. im Geschäft, wie über die ihnen dafür von den Vereinen
zugesicherten Gegenleistungen abgeschlossenen Contracte wird aber das
ganze dadurch regulirte Dienstverhältniß überhaupt hinfällig, und wenn
die bisherigen Functionäre für die solchergestalt bestimmte Remuneration nicht mehr nach dem revidirten Statut und der demgemäßen
Geschäftsordnung amtiren wollen und können, bleibt ihnen eben nur der
Rücktritt übrig, und das neue Verhältniß kann nur durch einen neuen
Vertragsabschluß mit dem Vereine regulirt werden, wobei letzterer
in der Wahl der Personen, mit denen er abschließen will, freie
Hand hat.

Liegt sonach die Neuwahl, wobei ja die Wiederwahl früherer
Vorstands- und Ausschußmitglieder in keiner Weise ausgeschlossen ist,
im Interesse aller Betheiligten, so ist sie außerdem auch geboten, um
sehr möglichen Bemängelungen des Handelsgerichts vorzubeugen. Wie
erwähnt, sind die früheren Vorstands- und Ausschuß-Mitglieder mit
ganz andern meist weit beschränkteren Befugnissen, und zum Theil
sogar zur Ausübung anderer Functionen, in Gemäßheit der alten
Statuten, gewählt. Dieselben haben also, und zwar ausdrücklich nach
der im alten Statut enthaltenen Vollmacht, durch jene frühere Wahl
ein anderes Mandat erhalten, und sind dadurch zu einer Menge von
Acten, welche sie nach dem neuen Statut auszuüben haben, strenge
genommen, nicht legitimirt. Vielmehr läßt sich dieser Mangel nur
entweder durch eine Neuwahl nach Annahme und in Gemäßheit des
revidirten Statuts beseitigen, oder durch einen aledann zu fassenden
förmlichen Gesellschaftsbeschluß, welcher die alten Beamten in ihren
neuen Functionen nach dem gegenwärtigen Geschäftszuschnitt und Befugnissen ausdrücklich bestätigt. Einen solchen in der zur Annahme
des revidirten Statuts anberaumten General-Versammlung zu fassenden
besonderen Gesellschaftsbeschluß ziehen wir hierbei, wie in andern
die Umleitung der Vereine betr. Puncten, der Aufnahme von bloßen
Uebergangsbestimmungen im Statute selbst vor, weil diese dasselbe
mit Dispositionen belasten, welche für die Vereine keine bleibende
Bedeutung haben, und bemerken dabei: daß solche mit der Annahme
des neuen oder revidirten Statuts zugleich von der constituirenden
Versammlung gefaßten Beschlüsse mit diesem Statut selbst gleiche
Kraft haben, und keineswegs den für Statutenänderungen vorgeschriebenen Formalitäten unterworfen sind.

Noch kommt es bei Präsentation der Vorstände vor
dem Handelsgericht auf die Beibringung ihrer Legitimation an,

des Nachweises, daß und für welche Zeit sie diese Function wirklich übernommen haben. Das Gesetz überläßt die Bestimmung der Form dieser Legitimation dem Gesellschaftsvertrage (§. 3 Nr. 7), weßhalb im Musterstatut die Beibringung doppelter Abschriften der Wahlprotokolle als der natürlichste und leichteste Weg gewählt ist, nach Analogie der im §. 6 des Gesetzes geforderten doppelten Abschrift von Gesellschaftsbeschlüssen bei Statutenänderungen. Von einer Legitimation der Ausschüsse erwähnt das Gesetz nichts, weil deren Mitglieder den Verein nicht nach außen vertreten und daher auch nicht im Handelsregister eingetragen werden. Dennoch kann bei der ihnen nach dem Gesetz zugewiesenen Proceßführung gegen den Vorstand (§. 28) eine solche Legitimation vor dem Proceßrichter nöthig werden, ebenso, wenn dieselben die Suspension des Gesammtvorstandes und die von ihnen angeordnete Stellvertretung dem Handelsgericht anzeigen (§. 27 Gen.-Ges., §. 25 Minist.-Instr.). Es ist daher für solche Fälle die Legitimationsführung gleichmäßig, wie beim Vorstande, durch Beibringung zweier Abschriften der Wahlprotokolle im Musterstatut angeordnet.

Sind alle im Vorstehenden erwähnten Punkte gehörig erledigt, so wird der Antrag des Vorstandes auf Eintragung der Genossenschaft in das Genossenschaftsregister, welches einen Theil des Handelsregisters bildet, keinen Anstand finden. Derselbe ist von den Vorstandsmitgliedern, wie erwähnt, unter Ueberreichung des schriftlichen Gesellschaftsvertrags, der Mitgliederliste und der eben erwähnten Legitimation, beim Handelsgericht entweder in Person zu erklären oder in beglaubter Form einzureichen. Dasselbe gilt von der Zeichnung ihrer Unterschrift Seitens der Vorstandsmitglieder, welche bei dieser Gelegenheit gleich mit erfolgen kann (§§. 17. 22. des Ges., §§. 3. 21. der Min.-Instr.). Wir haben im Musterstatut statt obiger im Gesetz nachgelassenen Alternative stets die Anzeigen und Anmeldungen in Person den Betheiligten zur Pflicht gemacht, weil wir dieselben überall da, wo sich das Handelsgericht am Orte befindet, für einfacher, sicherer und weniger kostspielig halten.

In Bezug auf die beim Fortbestande einer eingetragenen Genossenschaft ferner erforderlichen Anzeigen ꝛc., welche ebenfalls von den Vorständen ꝛc. vor dem Handelsgericht in Person bewirkt oder in beglaubter Form — gerichtlich oder notariell — beigebracht werden müssen (§. 3 der Minist.-Instr.), namentlich

    a. bei Statutenabänderungen,

    b. Wechsel in den Personen der Vorsteher,

    c. Zutritt und Austritt von Mitgliedern, und Einreichung der Quartals- und Jahreslisten darüber,

    d. Ernennung und Ausscheiden der Liquidatoren bei der Auf-

e. bei der Auflösung selbst endlich sowie der Insolvenz der Genossenschaft;

enthält das Gesetz (§§. 6. 22. 24. 35. 40. 50. Gen.-Gef. und §§. 24. 25. Minist.-Instr.) das Nöthige, was bei den einschlagenden Bestimmungen des Musterstatuts gewahrt ist. Indem wir daher nur noch erwähnen: daß nicht nur die Genossenschaften, sondern überhaupt Jedermann (in Folge der Anordnung §. 2 der Minist.-Instr.) Atteste jeder Art über die erfolgten Eintragungen im Genossenschaftsregister und deren Inhalt, sowie über Veränderungen darin sich jederzeit beim Handelsgericht ertheilen lassen können, überhaupt die Einsicht des Registers bei der vollen Oeffentlichkeit desselben Jedem freisteht, schließen wir diesen Abschnitt, unter Mittheilung der von mehreren Seiten gewünschten Formulare: a) einer Beitrittserklärung zum Gesellschaftsvertrage, und b) der einzureichenden Mitglieder-liste, mit der Bemerkung, daß die Eintragungen beim Handelsgericht gesetzlich kostenfrei sind.

a.
Beitrittserklärung.

Nachdem ich der unter der Firma . . . . allhier bestehenden Genossenschaft als Mitglied beigetreten bin, unterwerfe ich mich in allen Stücken dem von der am . . . . stattgehabten General-versammlung angenommenen und mir seinem ganzen Inhalte nach wohlbekannten (revidirten) Statut (Gesellschaftsvertrag), von welchem mir, wie ich hiermit bekenne, ein Druckexemplar ausgehändigt ist.

X . . . . . , den   N. N . . . . . .

b.
Formular zur Mitgliederliste
nach der Ministerial-Instruction vom 2. Mai 1867.

Verzeichniß
der dem Credit-Verein zu X. — eingetragene Genossenschaft — angehörigen Mitglieder.

1. Laufende Nr.	2. Vor- und Zunamen, Stand und Gewerbe	3. Wohnort.	4. Tag des Ausscheidens.

2.

Die Vorstände und Ausschüsse in den Vorschußvereinen.

Die Gründe, welche den Anwalt bestimmten, den durch das Allgemeine Deutsche Handelsgesetzbuch für industrielle Gesellschaften angezeigten Weg bei seinem nunmehr durchgesetzten Entwurfe des Genossenschaftsgesetzes zu befolgen, sind ebenso, wie die dadurch erlangten großen Vortheile in den privatrechtlichen Verhältnissen der Vereine, in dem bez. Buche (S. 27 ff.), in den Blättern für Genossenschaftswesen und sonst vielfach erörtert. Ebenso ist auf die neuen Pflichten wiederholt aufmerksam gemacht, welche an die Genossenschaften damit herantreten. Mit der Zulassung zu den Rechten der Handelsgesellschaften müssen sie auch den hinsichtlich einer geordneten Geschäftsführung an diese gestellten Anforderungen genügen, welche durch langjährige Erfahrung bewährt und vom Gesetzgeber als Garantien eines soliden Verkehrs sanctionirt sind, z. B. in der Buchführung, Inventur, Bilance u. a. m. (cf. §. 10. 25. Gen.-Ges.). Ein Hauptpunkt bleibt dabei die gegen die frühere Verfassung der meisten Vereine völlig veränderte Stellung der Vorstände und Ausschüsse nach dem neuen Gesetz. Da hierdurch eine totale Umgestaltung der bisher gewöhnlichen Geschäftsverwaltung, in welche man sich an vielen Orten mit Vorliebe eingelebt hat, erforderlich wird, so konnte es an Widerstreben gegen die Neuerung und Streitigkeiten über die Tragweite der einschlagenden Gesetzesbestimmungen nicht fehlen, weßhalb wir uns eingehend mit den dabei aufgeworfenen Fragen zu beschäftigen haben. Wir schicken dabei, des Zusammenhanges wegen, das zur Begründung unseres Standpunktes im Allgemeinen schon früher (B. S. 188 u. flg.) Gesagte voraus.

Es ist ein im Allgem. Deutschen Handelsgesetzbuch consequent durchgeführter und demgemäß auch in das Genossenschaftsgesetz (cf. §. 19. 20. Gen.-Ges.) übertragener Grundsatz: „daß jede zu einem eigentlichen Geschäftsbetrieb vereinigte Gesellschaft durch ihre Vorstände oder Directoren dritten Personen gegenüber unbedingt vertreten und verpflichtet wird", und daß alle in dem Gesellschaftsvertrag hierin enthaltenen Beschränkungen den Vorstand nur der Gesellschaft gegenüber binden, nicht aber das ohne ihre Beachtung abgeschlossene Geschäft Dritten gegenüber ungültig machen.

Der Grund davon liegt offenbar in der Rücksicht: daß ein gesunder, nach allen Seiten hin gedeihlicher Commerz vor Allem Einfachheit und Verläßligkeit in seinen Rechtsformen erfordert, namentlich also schwierige Informationen über die Legitimation der Paciscenten, wovon die Rechtsverbindlichkeit von deren Geschäftsabschlüssen abhängt, abgeschnitten werden müssen, weil man sonst Hinterziehungen und chicanösen Einwendungen aller Art Thür und Thor öffnet und durch die Unsicherheit der Geschäftsabschlüsse im Einzelnen die geschäftliche Solidität im Allgemeinen leidet. Diese in dem neuen Genossen- schaftsgesetze den Vorständen verliehene Machtvollkommenheit haben die „eingetragenen Genossenschaften" ernst in das Auge zu fassen und in ihren Einrichtungen Vorsorge gegen den etwaigen Miß- brauch derselben zu treffen, da sie über die bisherigen Befugnisse der Vorstände weit hinausgeht. Denn wenn diese sich innerhalb der Grenzen der im Statut enthaltenen Vollmacht bewegten, die Vor- steher also den Verein durch ihre Handlungen nur insoweit verpflich- ten konnten, als dieses ihr Mandat ging, und sie alle ihnen dahin auferlegten Beschränkungen innehalten mußten, wenn das von ihnen abgeschlossene Geschäft den Verein verpflichten sollte: so ist dies gegenwärtig nach dem Gesetze ganz anders, wo die Verpflichtung durch die Handlungen der Vorstände unbedingt eintritt, und nur der Regreß an sie zulässig ist, insofern sie ihre statutenmäßigen Befugnisse über- schritten und die Genossenschaft dadurch in Schaden gebracht haben. Der Entwurf des Musterstatuts hat daher zum Schutze gegen den Mißbrauch dieser Befugnisse wirksame Hülfsmittel nach drei Rich- tungen hin gesucht.

Erstens hat er die Verwaltung der Vereinsangelegenheiten auf das Strengste von der Controle derselben geschieden, und der Control- behörde, dem Ausschusse (Aufsichts- oder Verwaltungsrathe), bei Ueberwachung der Verwaltung des Vorstandes nicht nur seine Pflichten auf das Genaueste vorgeschrieben, sondern ihn auch mit den weitgehendsten Befugnissen gegen denselben, bis zur Amtssuspen- sion, ausgerüstet, um allen Uebergriffen und Benachtheiligungen des Vereins sofort und für immer vorbeugen zu können, wozu das Gesetz die Hand bot.

Die zweite ebenso wichtige Garantie ist die gegenseitige Con- trole der Vorsteher unter einander selbst, welche man dadurch er- reicht, daß man zu jedem Geschäftsabschluß, namentlich zur Zeichnung von verpflichtenden Urkunden, die Mitwirkung von mindestens zweien darunter erforderte, widrigenfalls dergleichen Acte für den Verein nicht rechtsverbindlich sind, was nach §. 18 des Gesetzes nachgelassen ist. Auf diese Weise entzieht man die Disposition wenigstens der Willkür eines Einzelnen und verhindert, daß ein solcher für sich allein betrügerisch oder leichtsinnig den Verein in ungemessene Verpflichtungen stürzen kann. Obschon hierzu an sich die Wahl von zwei Vorstehern ausreichen würde, so ist deren Zahl im Musterstatut doch mit gutem Bedacht auf drei festgesetzt, und wird man nicht wohl unter diese Zahl heruntergehen können. Denn wo überhaupt nur zwei Vorsteher gewählt sind, wird bei jeder augenblicklichen Verhinderung eines von ihnen, wie sie so leicht verkommen kann, die Doppelzeichnung unmöglich, das ganze Geschäft geräth in's Stocken und man muß, vielleicht für wenige Tage, eine mit Weitläufigkeiten und Kosten verbundene förmliche Stellvertretung einleiten. Dem ist durch die Wahl von drei Vorstehern vorgebeugt, von denen zwei als die Majorität ausreichen, den Verein zu vertreten, so daß die augenblickliche Verhinderung eines Einzigen den Geschäftsgang nicht unterbricht.

Diese Dreizahl, in welcher obenein eine Untervertheilung der Hauptfunctionen eines Bankgeschäfts, als: Disposition nebst Correspondenz, Kassenverwaltung und Buchführung, recht eigentlich angezeigt ist, zu übersteigen, können wir aber selbst größeren Vereinen durchaus nicht anrathen. Einmal wird die Verwaltung dadurch außerordentlich schwerfällig. Wenn beispielsweise fünf Vorsteher fungiren, so würde die Zeichnung und somit die Uebereinstimmung von mindestens Dreien, als der Majorität, zur Ausführung jeder Verwaltungsmaßregel erforderlich sein, da man alsdann doch nicht Zweien gestatten kann, als der Minorität, ohne oder gegen den Willen der Andern dergleichen vorzunehmen und den Verein dadurch zu verpflichten. Sodann spricht aber auch noch ein anderer Umstand gegen die Vermehrung der angegebenen Zahl: die Nothwendigkeit der Besoldung sämmtlicher Vorstandsmitglieder. Bei der Stellung so strenger Anforderungen an die Geschäftsführung derselben, wie sie jetzt unerläßlich sind, bei der großen damit verbundenen Verantwortlichkeit, kann man die Geschäfte nicht Leuten anvertrauen, welche dieselben unentgeltlich führen. Diese erweisen dem Vereine durch solche unbezahlte Arbeit eine Gunst; sie wenden Zeit und Kraft in den Vereinsgeschäften aus sogenanntem gutem Willen auf, stehen dem Vereine als Wohlthäter gegenüber, und man versuche einmal, ihnen eine strenge Geschäftsordnung vorzuschreiben, sie mit Nachdruck zur Erfüllung ihrer Pflichten anzuhalten, und für Fehler und Versäumnisse verantwortlich zu machen! — Aus dieser Rücksicht wird die angemessene Besoldung aller Vorstandsmitglieder zu einem Punkte, der nicht zu umgehen ist, und auch deshalb die Beschränkung ihrer Zahl auf die unerläßlichen drei geboten. Wo aber bei Vereinen von höchst bedeutendem Umsatz das Geschäft mehr Kräfte erfordert, oder wo gewisse zur Vertretung des Vereins besonders geeignete Persönlichkeiten der Verwaltung nicht ihre ganze Kraft widmen können, da stelle man zu deren Unterstützung lieber, anstatt die Zahl der Vorstände zu verstärken, Beamte zu bestimmten Functionen an, z. B. einen Kassirer, Buchhalter und dergl., worüber wir später besonders handeln.

Als dritte Sicherungsmaßregel endlich schließt sich das Verbot an: daß den Vorstehern, so lange sie sich in dieser Function befinden, unter keiner Bedingung Vorschüsse oder Credite in irgend welcher Form aus der Vereinskasse gewährt werden. Sind die Vorstände durchgreifend als die ausschließlichen Vertreter des Vereins bei Geschäftsabschlüssen hingestellt, so können sie schon aus diesem Grunde nicht mit dem Vereine für eigene Rechnung Geschäfte machen, sind gar nicht in der rechtlichen Lage, sich der ihrer Verwaltung anvertrauten Vereinskasse für ihre Privatzwecke zu bedienen. Vielmehr müßte zu diesem Behufe erst ein neues Verwaltungsorgan geschaffen werden, welches die Interessen des Vereins in solchen fortlaufenden Creditgeschäften mit ihnen wahrzunehmen hätte, was sich mit der Einheit der Verwaltung nicht verträgt und somit das Princip des Gesetzes verletzt. Aber selbst abgesehen hiervon führt ein solches Verhältniß nur gar zu leicht zu einer Collision zwischen Pflicht und Interesse, und Nichts steht der Festigkeit und Unparteilichkeit der Vorsteher gegen die Vereinsgenossen rücksichtlich der Bemessung der von diesen beanspruchten Credite so sehr im Wege, als wenn die ersteren darauf angewiesen sind, selbst den Verein solchergestalt in Anspruch zu nehmen. Wir rathen daher allen Vorschußvereinen, auch den nicht nach dem Preußischen Genossenschaftsgesetz constituirten, den Ausschluß der Vorstände von der Creditentnahme sobald als möglich bei sich durchzuführen, als Uebergangsmaaßregel aber da, wo dies sich nicht mit einem Male thun läßt, mit dem Kassirer, als dem Meistbetheiligten, den Anfang zu machen, und sich in ihm mindestens ein Vorstandsmitglied zu sichern, welches das Kasseninteresse in dieser Beziehung rücksichtslos wahrzunehmen im Stande und geneigt ist.

Kehren wir nun nach diesem Gesammtüberblick über die Vorkehrungen gegen den Mißbrauch der den Vorstehern gesetzlich beigelegten Befugnisse zu dem Verhältniß zwischen Vorstand und Ausschuß zurück, welches dabei in den Vordergrund tritt.

Hier ergiebt sich aus dem Gesagten: daß die bisherige Einrichtung in der Mehrzahl der Vereine, wonach, unter dem Vorgange des alten Delitzscher Statuts, eine gemeinschaftliche Geschäftsführung des Vorstandes und Ausschusses bestand, und beide im Grunde eine einzige Körperschaft bildeten, von welcher blos einige Mitglieder zu gewissen Functionen, als sogenannte Vorsteher, besonders bevollmächtigt waren, fortan unzulässig ist. War dies bei der früheren Verfassung unserer Vereine, namentlich mit Rücksicht auf die durch die statutarische Vollmacht begrenzte Machtvollkommenheit der Vorstände, ganz zweckmäßig, so entspricht es bei einer „eingetragenen Genossenschaft" in keiner Weise der in dieser Beziehung ganz veränderten Sachlage, und widerstreitet den Bestimmungen des Genossenschaftsgesetzes.

Nach §§. 16 ff. des Gesetzes ist die Vertretung der Genossenschaft und der Abschluß von Geschäften für dieselbe in allen Stücken in die Hände des Vorstandes gelegt, der darin nur, nach §. 29, durch Beamte oder Bevollmächtigte, niemals aber durch den Ausschuß, ersetzt werden kann. Deshalb muß jede Genossenschaft einen Vorstand haben (§. 16 des Gen.-Gesetzes), während es ihrem Ermessen überlassen ist, ob sie demselben einen Ausschuß an die Seite setzen will (§. 27 alin. 1 l. c.). Thut sie aber dies letztere, so tritt der Ausschuß in die ihm durch das Gesetz ausdrücklich angewiesene Stellung als Controlbehörde ein. Darnach hat derselbe nicht die Geschäfte zu führen, sondern die gesammte Geschäftsführung des Vorstandes zu überwachen, und unter Anderem die Regreß-Processe gegen die Vorstandsmitglieder zu führen, sowie das ganze Kassen- und Rechnungswesen unter steter Aufsicht zu halten; ja er kann selbst die Vorstandsmitglieder vorläufig von der Geschäftsführung entheben, und wegen deren interimistischer Fortführung durch Andere Anordnungen treffen.

Aus allem diesem ergiebt sich mit Nothwendigkeit die strenge Scheidung beider Organe, die selbstständige Constituirung eines jeden, wie sie das Musterstatut durchführt, und wie sie, auch ohne das Gesetz, bei fortgeschrittener Entwickelung der Vereine schon an sich geboten erscheint. Soll der Ausschuß die Verwaltung überwachen, so darf er selbst nicht mit verwalten; soll der Vorstand durch den Ausschuß in der Verwaltung überwacht werden, so darf er selbst nicht mit überwachen, sonst hebt Eins das Andere auf. Gegen dieses Grundprincip einer geordneten Geschäftsführung verstößt man, sobald man dieselben Personen als Mitglieder des Vorstandes und Ausschusses zu gleicher Zeit zuläßt, und Unsicherheit und Conflicte aller Art in den beiderseitigen Functionen sind die unausbleibliche Folge. Insbesondere wird die Controle des Ausschusses total gelähmt, wenn man bei seinen Beschlüssen Vorstandsmitgliedern, über welche er diese Controle üben soll, welche also ein entgegengesetztes Interesse dabei haben, eine Stimme einräumt, das kann sich doch Niemand verhehlen. Und dies wird noch verstärkt, wo — wie hier und da beliebt wird — einem solchen Vorstandsmitgliede gar noch der Vorsitz im Ausschusse und damit ein überwiegender Einfluß auf dessen Verhandlungen übertragen wird, deren Leitung eben so wie die Anberaumung der Sitzungen dann in seinen Händen liegt. Wie, so fragen wir, wird es alsdann möglich, in Fällen, wo jede Stunde Verzug schwere Verluste bringen mag, eine schleunige Ausschußsitzung zu berufen, um gefährlichen Operationen oder betrügerischen Machinationen des Vorstandes durch dessen sofortige Enthebung von den Geschäften vorzubeugen oder ein Ende zu machen? Hat ein solcher Vorsitzender nicht Mittel aller Art in den Händen, das Zustandekommen der gegen ihn selbst mit gerichteten Beschlüsse hinzuhalten, ja ganz zu vereiteln, bis es zu spät ist? — Und auch sonst kommt man zu den lächerlichsten Consequenzen, insofern z. B. der Vorstandsmitglieder in sich fassende Ausschuß diese verklagen oder von ihrer Function suspendiren soll. Der Ausschuß verklagt oder suspendirt dann — zum Theil wenigstens — sich selbst! Nicht viel anders steht es mit der ganzen übrigen Ueberwachung der Geschäftsführung, gegen welche dem Ausschusse in seinem eignen Schooße die erheblichsten Schwierigkeiten bereitet werden können. Deshalb haben beide Organe selbstständig, jedes innerhalb seiner Competenz, zu operiren. Zwar kann der Vorstand an die Genehmigung des Ausschusses bei verschiedenen Verwaltungsmaßregeln gebunden, diesem also, so gut wie der Generalversammlung, eine Einwirkung in wichtigen Geschäften, eine Stimme besonders in den innern Angelegenheiten der Genossenschaft gesichert werden, und mag man auch gemeinsame Sitzungen zu diesem Behufe anordnen, wie dies im Musterstatut geschehen und im Gesetz (§. 20) nachgelassen ist. Aber eine völlige Verschmelzung beider Körperschaften mittelst Personal-Union, d. h. mittelst Zulassung derselben Personen in beide zugleich, widerstreitet der gesetzlichen Regelung ihres gegenseitigen Verhältnisses, und stört das Ineinandergreifen ihrer Thätigkeit, welches nur bei strengem Auseinanderhalten die für das Gedeihen des Ganzen erforderliche Wirksamkeit ausüben kann.

Dies allein genügt, um die Unzuträglichkeit der bisherigen Organisation nicht blos, sondern auch die Unzulässigkeit derselben darzuthun, und hiergegen hält dasjenige, was von verschiedenen Seiten für die Beibehaltung dieser frühern Organisationen, namentlich für die gesetzliche Zulässigkeit der gleichzeitigen Mitgliedschaft im Vorstand und Ausschuß vorgebracht wird, in keiner Weise Stich.

Daß es dabei zunächst nicht auf die hier und da hervortretende kleinere oder größere Unbequemlichkeit ankommen kann, noch außer den Vorständen Persönlichkeiten aufzufinden, die insbesondere für den Vorsitz im Ausschuß sich eignen, bedarf keiner Ausführung. Ist die Maßregel einmal nothwendig, ihre Unterlassung gefährlich, so muß Rath geschafft werden, und wir haben ihn wirklich nicht weit zu suchen. Die gesteigerten Anforderungen an die kaufmännisch geschulte Geschäftsgewandtheit der Vorsteher, ihre vermehrte Verantwortlichkeit werden voraussichtlich Personen gewisser Berufsklassen, welche besonders in den Vereinen kleinerer Orte häufig mit Vorstandsgeschäften betraut waren, z. B. Beamte, Geistliche, Lehrer, Anwälte, aus diesem Wirkungskreise verdrängen, während dieselben durch ihre Bildung und Erfahrung vorzugsweise zu der fraglichen Stellung im Ausschusse befähigt sind. Wird hier dem Vorsitzenden eine mäßige Remuneration bewilligt, wozu wir bei der unausgesetzten Geschäftsüberwachung, wie sie im Interesse des Vereins stattfinden muß, unbedingt rathen, so wird es sicher nicht an geeigneten Männern für den bez. Posten fehlen.

Ebenso wenig greift der gegen unsere Ausführung daher entnommene Grund durch:

„daß in dem Gesetze kein ausdrückliches Verbot der Wahl von Vorstandsmitgliedern in den Ausschuß, und umgekehrt, zu finden und diese daher zulässig sei."

Nach den für die Auslegung der Gesetze geltenden Regeln*) soll dabei insbesondere der Zweck und Grund eines Gesetzes oder einer Gesetzesbestimmung im Auge behalten werden. Hat nun, wie wir zeigten, der Gesetzgeber als Grund seiner Bestimmungen über die Thätigkeit des Ausschusses ausdrücklich die Controle der Verwaltung angegeben, deren Wirksamkeit durch die gerügte Vermengung in ihrem Kerne geschädigt wird, so widerstreitet dies schon allein jener Auslegung, weil dieselbe die unzweifelhaft beabsichtigte Wirkung des Gesetzes aufhebt. Dazu kommt aber noch, daß auch schon nach der Wortfassung des Gesetzes die Personal-Union ausgeschlossen wird, der behauptete Mangel eines ausdrücklichen Verbots also gar nicht zutrifft. Der §. 27 des Ges. beginnt wörtlich: „Der Gesellschaftsvertrag kann dem Vorstande einen Aufsichtsrath (Ausschuß) **an die Seite setzen.**" Was besagen diese Worte nach gemeinem Sprachgebrauche anders, als daß der Ausschuß **neben dem Vorstande**, d. h. **außerhalb** desselben, getrennt von ihm existiren soll? Mit diesem direct angeordneten Fürsichsein, Nebeneinanderbestehen beider Organe ist aber die Vermischung der Personen, welche jedes derselben ausmachen, unverträglich. Nur in den Mitgliedern, als ihren ausschließlichen Trägern, gelangen Vorstand wie Ausschuß überhaupt erst zur Existenz, treten sie in die Wirklichkeit, erhalten Actionsfähigkeit, wogegen sie, abgezogen von diesen ihren Mitgliedern, nicht gedacht werden können. Ihre Mitglieder vermischen, Vorsteher zugleich in den Ausschuß setzen und umgekehrt, heißt daher: beide Organe selbst vermischen, sie nicht einander an die Seite, nicht neben

---

*) Man vergl. Allgem. Preuß. Landrecht, Einleitung, §. 46; Thibaut, System des Pandectenrechts Th. I. §§. 42 folg.

einander, sondern in einander hinein setzen und dies, wir wiederholen es, widerspricht, außer dem Grunde (der ratio), auch dem
Wortlaute des Gesetzes.

Hierdurch ist zugleich ein dritter Einwand beseitigt, dessen wir
noch zu gedenken haben. Derselbe ist daher entnommen, daß die Einsetzung eines Aufsichtsraths nach dem Gesetz nicht nothwendig sei und
das Statut daher alles darauf Bezügliche beliebig anordnen könne. Der
offenbare Fehlschluß dieser Deduction liegt darin, daß das Gesetz
hierbei wohl das ob, aber nicht das wie dem Statut überläßt. Man
kann sich nach dem Gesetze in jedem Vereine beliebig sowohl für wie
gegen die Einsetzung eines Ausschusses entscheiden; hat man aber
einmal das Erstere gethan und der Ausschuß ist da, so muß er die
vom Gesetz bestimmte Stellung erhalten, daran kann das Statut alsdann (cf. §. 8 des Ges.) Nichts ändern. Das Gesetz läßt darüber
keinen Zweifel. Nachdem es im §. 27 alin. 1 mit den Worten:

„Der Gesellschaftsvertrag kann dem Vorstande einen Aufsichtsrath an die Seite setzen."

diesen Punkt in die freie Wahl der Vereine gestellt hat, geht es sofort,
bei Regelung der Funktionen des Aufsichtsraths, in alin. 2, zu dem
Tone definitiver Anordnung über:

„Ist ein Aufsichtsrath bestellt, so überwacht derselbe die Geschäftsführung" u. s. w.

Der Gegensatz in der Fassung beider Bestimmungen, deren eine rein
facultativ, die andere durchaus kategorisch gehalten ist, tritt um
so schärfer hervor, als die eine unmittelbar auf die andere folgt. Nicht,
daß der Gesellschaftsvertrag die fraglichen Rechte und Pflichten, und welche
oder soviel davon er will, dem Aufsichtsrathe beilegen könne, ist in
diesem Alin. 2 ausgedrückt, sondern daß der einmal eingesetzte
Aufsichtsrath sie **haben soll!** Wenn also, nach §. 8 des
Gen.-Ges., „der Gesellschaftsvertrag von dem Gesetz nur in denjenigen
Punkten abweichen darf, bei welchen dies ausdrücklich für zulässig erklärt ist", so fehlt es nicht bloß an dieser ausdrücklichen
Zulassung in alin. 2. §. 27 des Gesetzes, sondern es ist gerade das
Gegentheil davon bestimmt.

Außerdem entscheidet im Grunde schon alin. 2 §. 27 die Frage
für sich allein. Darnach ist es ja nur zulässig, einen Ausschuß dem
Vorstande an die Seite zu setzen, nicht aber ihn entweder hinsichtlich der Functionen, oder hinsichtlich der Personen mit dem Vorstande zu vermengen.

Noch wird diese unsere Ausführung durch die Analogie des
Allgem. Deutschen Handelsgesetzbuchs bestätigt, wie sie sich
in den Bestimmungen über die Commanditgesellschaft auf
Actien vorfindet. Hier ist das Verhältniß des Aufsichtsraths zu

den mit denselben Befugnissen in Vertretung der Gesellschaft nach Außen, wie die Genossenschaftsvorstände, ausgerüsteten persönlich haftenden Gesellschaftern in gleicher Weise geordnet, und dabei findet sich unter den Normativbedingungen, welche der Gesellschaftsvertrag enthalten muß (Art. 175 Nr. 6), die ausdrückliche Bestimmung: daß der Aufsichtsrath aus der Zahl der Commanditisten durch Wahl derselben bestellt werden muß, was die Aufnahme eines der mit der Verwaltung betrauten persönlich haftenden Gesellschafter unbedingt ausschließt. Und doch walten hier die Motive für Bestellung einer möglichst selbstständigen und wirksamen Controlbehörde nicht einmal in demselben Grunde vor, wie bei den Genossenschaften, da die Commanditisten nur mit den von ihnen eingezahlten oder gezeichneten Actien, die Genossenschafter dagegen mit ihrem ganzen Vermögen solidarisch für alle Verbindlichkeiten haften, in welche gewissenlose Vorstände den Verein jeden Augenblick verwickeln können, wenn ihnen nicht einige bei der Verwaltung ganz unbetheiligte Männer, in vollständiger Selbstständigkeit und mit der nöthigen Machtvollkommenheit zu augenblicklichem Einschreiten ausgerüstet, zur Seite stehen.

Sollen wir noch weiter zur Verstärkung aller dieser für unsere Forderung angeführten, von keiner Seite widerlegten Gründe auf das Verhältniß von Verwaltungs- und Controlbehörden, wie es etwa in unsern Stadt-Communen besteht, hinweisen? Erscheint es hier — rein nach inneren Gründen — wohl zulässig, den Bürgermeister zum Stadtverordnetenvorsteher zu machen, und würde irgend eine Commune dies thun, selbst wenn in der Städte- oder Gemeindeordnung ein ausdrückliches Verbot gegen die Aufnahme von Verwaltungsbeamin die Gemeinde-Repräsentation nicht existirt? Ist nicht vielmehr eine solche Maßregel schon durch das Sachverhältniß an sich, durch Zweck und Sinn der ganzen Einrichtung, von selbst ausgeschlossen? Und wieder thut bei den Genossenschaften diese Trennung noch in viel höherem Grade Noth, wie in unseren Stadtgemeinden. Denn nirgends sind der Bürgermeister und Magistrat mit so weitgehenden Befugnissen in Vertretung der Gemeinde nach Außen ausgerüstet, als die Vorstände der eingetragenen Genossenschaften, die daher einer weit schärferen Controle bedürfen. Gehört doch zur Rechtsgültigkeit aller Acte, welche der Stadtgemeinde irgendwie neue financielle Verpflichtungen auferlegen sollen, die vorherige Genehmigung der Gemeinde-Repräsentanten, während die Genossenschaften, Dritten gegenüber, durch jede einseitige Maaßnahme des Vorstandes verpflichtet werden, und ihre Mitglieder obenein mit ihrem ganzen Vermögen solidarisch für die Erfüllung einstehen müssen: eine Gefahr, die nur sehr selten in irgend genügender Weise durch den Regreß aufgewogen wird, wel-

cher den Vereinen gegen die Vorstände zusteht, wenn diese statutenwidrig verfahren sind. Und Angesichts eines solchen Rechts- und
Sachverhältnisses sollte eine Genossenschaft so leichtsinnig, ja so pflicht-
widrig gegen sich selbst und ihre Mitglieder handeln, und nicht alle
ihr im Gesetz gebotenen Handhaben benutzen, wodurch so schweren
Verwickelungen wirksam vorgebeugt werden kann? Die Sache spricht
in einem solchen Grade für sich selbst, daß wir uns des Glaubens
nicht entschlagen: es werde auch bei der geringen Zahl von Vereinen,
wo man es noch nicht über sich gewonnen hat, der Bequemlichkeit
der alten Einrichtung sich zu entschlagen, die ruhige Erwägung dessen,
was auf dem Spiele steht, der unerläßlichen Reform zum Durchbruch
helfen.

Sonach bleiben nur noch einige Worte über die Zeichnung
und Stellvertretung der Vorstände übrig.

In ersterer Beziehung ist es eine durch das ganze in das Genossenschaftsgesetz übergegangene System des Allgemeinen Deutschen
Handelsgesetzbuchs bedingte Folge: daß die Zeichnung durch die
Vorsteher als der den Verein rechtlich verpflichtende
Act, bei allen Geschäften in einer und derselben Art
geschehen muß. Bisher konnte dies in den Statuten, eben der
auf specielle Bevollmächtigung beruhenden Befugnisse der Vorstände
und Ausschüsse halber, bei den verschiedenen Arten der Geschäfte
verschieden geordnet werden. So kam es häufig vor, daß beispielsweise:

a) bei Quittungen über Rückzahlung von Vorschüssen, bei
Spareinlagen und dergl. Zahlungen die Unterschrift des
Kassirers allein genügte, während

b) zur Gültigkeit eines Schuldscheins über ein vom Verein
aufgenommenes Anlehn die Unterschrift sämmtlicher Vorsteher, ja wohl auch noch der Ausschußmitglieder erforderlich
war.

In dieser Weise kann bei eingetragenen Genossenschaften nach dem Preußischen Gesetz nicht mehr verfahren werden, vielmehr gilt bei ihnen dasselbe wie bei Handelsgesellschaften. Die Vertretung des Vereins und dem gemäße Zeichnung durch den Vorstand
geschieht in einer und derselben Weise, muß in derselben Form und
von denselben Personen ausgehen in allen Acten und Geschäften,
welche der Verein gegen sich gelten lassen, aus denen er verpflichtet
werden soll. Wenn also z. B. im Statut die Zeichnung durch zwei
Vorsteher im Allgemeinen vorgeschrieben ist, so kann davon nicht
bei einer Gattung von Geschäften wieder abgegangen, und z. B.
etwa bei Kassenquittungen, Annahme von Spareinlagen, nur eine
Unterschrift, die des Kassirers, bei andern dagegen, wie etwa bei

Zeichnung von Schuldscheinen über aufgenommene Anlehen die der sämmtlichen drei Vorsteher 2c. gefordert werden.

Man bedenke nur, daß dieser Punkt durch die Statutenbestimmung allein durchaus nicht abgemacht ist. Vielmehr wird die verpflichtende Kraft der Zeichnung die rechtliche Wirksamkeit des Actes dritten Personen gegenüber, dadurch bedingt, daß die statutenmäßige Form der Zeichnung vom Handelsgericht, bei Gelegenheit der Eintragung des Gesellschaftsvertrags, speciell mit in das Genossenschaftsregister aufgenommen und außerdem auch noch öffentlich bekannt gemacht ist. (§. 4. und 5. des Ges.) Den Grund dieser Gesetzesbestimmungen haben wir am Eingange dieses Abschnittes erörtert. Jedermann, der irgend geschäftliche Beziehungen zu einer Genossenschaft hat, soll sich durch die dem ganzen Publicum freistehende Einsicht des Genossenschaftsregisters und die öffentliche Bekanntmachung ohne weitere, mühsame Prüfung von Statuten, Gesellschaftsbeschlüssen u. dgl. über die Verfassung und Verhältnisse derselben soweit informiren können, als es seine Sicherung in den Hauptpunkten, besonders in Bezug auf den Mitgliederbestand und die Form gültiger Geschäftsabschlüsse, d. h. die Legitimation ihrer Vorsteher, wünschenswerth macht. Hat Jemand sich so unter öffentlicher Garantie über die Personen der Letzteren, die Form ihrer Zeichnung, die Zeitdauer ihrer Function vergewissert, so kann er, auf Grund dieser einfachen, leicht zu constatirenden Thatsachen in voller Sicherheit mit ihnen negociiren, und der Verein muß dergleichen Abschlüsse anerkennen, und hat etwaige Statutenüberschreitungen dabei nur mit den Vorständen selbst auszumachen. Dieses einfache Princip wird sofort gefährdet, sobald für verschiedene Branchen von Geschäften verschiedene Formen der Zeichnung im Statut eingeführt werden könnten. Denn würden solche Bestimmungen auch in das Genossenschaftsregister eingetragen, so ließe die Prüfung, zu welcher Klasse das eine oder andre Geschäft gehört, dennoch in vielen Fällen sich nur mit Hinzunahme des Statuts gründlich vornehmen. Dies aber würde zu Auslegungen und Bemängelungen aller Art Raum bieten, so daß die handelsgerichtliche Eintragung für sich allein nicht mehr die erforderliche Sicherheit gewähren könnte, wie dies ihre Bestimmung ist. Außerdem aber läge in der statutenmäßigen Ausschließung einzelner Vorstandsmitglieder von der Mitzeichnung, und das heißt so viel wie von der Mitwirkung bei gewissen Arten von Geschäften — wenn z. B. der Kassirer allein Quittungen zu zeichnen befugt sein soll — eine Beschränkung derselben in der Vertretung der Genossenschaft. Da nun das Gesetz (§. 20) eine jede derartige Beschränkung des Vorstandes, dritten Personen gegenüber, überhaupt und im Ganzen für unwirksam erklärt, so ist sie es auch, wenn sie in obiger Weise gegen einzelne Vorstandsmitglieder zur Anwendung gebracht werden sollte. Ja im Grunde ist dies Letztere noch bedenklicher, weil damit eine einheitliche Geschäftsführung und die Gesammt-Verantwortlichkeit des Vorstandes dafür nicht wohl vereinbart sind*). Wir müssen daher bezweifeln, daß ein Handelsgericht eine solche Anordnung mehrfacher Zeichnung im Statut zur Eintragung in das Genossenschaftsregister zulassen wird.

Zuletzt zu erwähnen ist die Anordnung der Stellvertretung für behinderte oder suspendirte Vorstandsmitglieder. Bisher wählte man mit den Vorständen zugleich in den meisten Fällen auch Stellvertreter, welche in eine etwa entstehende Lücke von selbst eintreten. Das ist jetzt insoweit unthunlich, als solche Stellvertreter nur auf Anmeldung und Zeichnung beim Handelsgericht in Function treten können, indem das Genossenschaftsgesetz dies (§§. 17. 22) bei jeder Aenderung der Mitglieder des Vorstandes ohne Unterschied verlangt. Wer aber die Stelle eines Vorstandsmitgliedes vertritt, gleichviel ob dauernd oder interimistisch, kommt unzweifelhaft selbst als Vorstandsmitglied für die Dauer dieser Function in Betracht, und muß schon wegen seiner Vertretung des Vereins Dritten gegenüber die handelsgerichtliche Eintragung und Bekanntmachung erfolgen. Aber auch abgesehen hiervon, erscheint es mißlich, bei der so gesteigerten Befugniß und Verantwortlichkeit des Vorstandes die Stellvertreter von Mitgliedern desselben im Voraus für Fälle zu wählen, die vielleicht erst in Jahren eintreten, zu einer Zeit wo die Gewählten möglicher Weise eine solche Stelle weder ausfüllen können, noch wollen, oder gar in Verhältnisse gerathen sind, welche ihre Function für den Verein bedenklich machen. Es erschien daher gerathener, wie das Musterstatut, gestützt auf §. 27. des Gen.-Ges., dies thut, die vorläufige Anordnung deshalb dem Ausschusse, die definitive Regelung aber der Generalversammlung eventuell durch Nachwahl zu überlassen, wo alsdann die zur Zeit vorwaltenden Verhältnisse ihre Berücksichtigung im Interesse des Vereins besser finden werden, als beim Vorgreifen dieser Anordnungen auf lange Zeit hinaus.

Die Formulare der Einzeichnung oder des Protokolls einer Vorstands-Sitzung in dem betreffenden Beschlußbuche, sowie das Protokoll einer Ausschuß-Sitzung, welche dazu dienen sollen, den veränderten Geschäftsgang zwischen beiden Organen anschaulich zu machen, sind hier beigegeben.

a.

Probe einer Einzeichnung (Protokolls) in das Beschlußbuch des Vorstandes. (§. 19 des Musterstatuts.)

X., den . . . . . 1868.

Wurden in der heutigen regelmäßig stattfindenden (besonders dazu berufenen — §. 12 des Stat.) Vorstandssitzung folgende Beschlüsse gefaßt:

a. Zahlungsaufforderung wird erlassen an folgende Restanten:

. . . .

mit Frist von 8 Tagen unter Klageandrohung.*)

b. Die Wechsel

  1. des Hrn. . . . . . über 100 Thlr., unter Bürgschaft des . . . ., fällig den . . . d. M., Nr. . . der Wechselliste,

  2. des . . . .

sind an den Kassirer behufs der Einkassirung resp. Aushändigung nach Zahlung herauszugeben.

c. Der Wechsel (Nr. . . . der Liste) des Hrn. . . . über 250 Thlr., fällig den . . . . ist behufs Präsentation, nach Befinden Erhebung des Protestes und Klageanstellung, ebenfalls an den Kassirer herauszugeben.**)

d. Klagen sind anzustellen wider folgende Restanten:

  1. gegen den Tischlermeister X. und Oekonomen N. als Bürgen wegen 120 Thlr. und Zinsen aus dem Schuldschein vom . . . .,

  2. gegen den Schuhmachermeister O. als Hauptschuldner und O. als Bürgen wegen 200 Thlr. aus dem eigenen (Sola-) Wechsel vom . . . .,

  3. . . . .

e. Folgende Vorschußgesuche:

  1. des . . . . . . vom . . . . . . auf 200 Thlr.,

  2. des . . . .

sind abzuweisen.

---

*) Eine solche an sich zur Klageanstellung nicht erforderliche, sondern nur zur Schonung der Schuldner eingeführte Erinnerung kann nur bei Forderungen aus Schuldscheinen und solchen eigenen Wechseln stattfinden, bei denen es der Präsentation und Protesterhebung nicht bedarf. cf. Note zu c.

**) Daß Präsentation des Wechsels und Protesterhebung bei eignen (sogen. Sola-) Wechseln in der Regel nicht erforderlich sind, sondern daraus, sobald Schuldner am Verfalltage nicht zahlt, ohne Weiteres geklagt werden kann, darüber lese man mein Buch IV. Auflage, S. 112—124, nach.

f. Da der mitunterzeichnete Controleur M. von morgen ab auf drei Tage verreist, so versieht der mitunterzeichnete Director für diese Zeit seine Stelle, und sind alle Geschäftskunden wegen Gegenzeichnung der Quittungen über geleistete Zahlungen vom Kassirer an diesen zu verweisen, und dies durch Aushang im Kassenlokal bekannt zu machen.

g. In der heutigen Sitzung des Ausschusses ist dessen statutenmäßige Genehmigung zu folgenden Maßregeln einzuholen:

1. Gewährung der in der zu überreichenden Liste specificirten 8 Vorschußgesuche;
2. Aufnahme eines Darlehns für die Vereinskasse von 1000 Thlr. gegen 6 monatliche Kündigung und 4½ pCt. Zinsen von Herrn N. gegen Schuldschein;
3. Erhöhung der Zinsen und Provisionen für die gewährten Credite auf zusammen 7½ pCt. für das Jahr, vom ersten nächsten Monats ab;
4. Anschaffung eines eisernen Geldschrankes und Veräußerung der bisher gebrauchten eisernen Kasse;
5. Annahme des Rechtsanwalt H.... hier als Bevollmächtigten des Vereins zur Führung der vorkommenden Processe.

h. Dem Ausschusse sind in dessen heutiger Sitzung der Kassenabschluß und die Geschäftsübersicht für den verflossenen Monat vorzulegen.

i. In gemeinschaftlicher Sitzung mit dem Ausschusse ist über die Aufnahme der nach Ausweis der beigeschlossenen Liste zur Mitgliedschaft im Vereine angemeldeten 11 Personen zu beschließen.

k. Ist die Anberaumung der am Quartalschluß durch das Statut angeordneten Generalversammlung auf den .... Abends .... Uhr im .... Locale, sowie die Aufnahme folgender Punkte in die Tagesordnung in der heutigen Ausschußsitzung zu beantragen:

1. Darlegung des Kassen- und Geschäftsstandes und Anbringung etwaiger Beschwerden gegen die Vereinsverwaltung;
2. die Erhöhung des Gesammtbetrags der vom Verein aufzunehmenden Anlehne und Spareinlagen bis auf einen Höchstbetrag von .... Thlr.;
3. die Abänderung der §§. .... des revidirten Vereinsstatuts, und Ersetzung derselben durch nachstehende Fassung:
   §. . . . .
   §. . . . .
4. Ausschluß des .... von der Mitgliedschaft im Vereine, wegen Nichterfüllung statutenmäßiger Verpflichtungen;
5. Neuwahl von 3 Ausschußmitgliedern an der Stelle der statutenmäßig ausscheidenden

X. . . . .
N. . . . .
O. . . . .

auf die nächsten 3 Jahre vom . . . . bis . . . .

Vorgelesen, genehmigt, vollzogen.

(Unterschriften.)

b.

Protokoll einer Ausschußsitzung.

N., den . . . . 1868.

In der heutigen regelmäßig stattfindenden Ausschußsitzung, zu welcher sich außer den unterzeichneten Ausschußmitgliedern auch die drei Vorstandsmitglieder

Herr . . . .

, ...

, ...

eingefunden hatten, wurde Folgendes beschlossen:

a. Die Gewährung der vom Vorstande nach der eingereichten Liste befürworteten Vorschußgesuche, als:

Nr. 1. des . . . . um 150 Thlr. auf 3 Monate gegen eignen (Sola-) Wechsel unter Bürgschaft des . . . .,

Nr. 3. des . . . . um 25 Thlr. auf 1 Monat gegen bloßen Schuldschein — innerhalb der Hälfte des Guthabens —

Nr. 4. . . . .

wird genehmigt, dagegen bei Nr. 2 der Liste

Gesuch des . . . . um 500 Thlr. . . . .

abgelehnt.

b. Der vom Vorstande befürworteten Prolongation der in der beiliegenden Liste specificirten Posten, als:

1. Schuld des X. . . . . von 120 Thlr. aus dem eignen (Sola-) Wechsel vom . . . . auf weitere 3 Monate,

2. . . . .

wird die Genehmigung ertheilt.

c. Dem Antrage des Vorstandes gemäß wird

Generalversammlung auf den . . . .

anberaumt, und kommen die vom Vorstand angegebenen Punkte

a) . . . .

b) . . . .

c) . . . .

auf die Tagesordnung, und außerdem der von mehr als 50 Vereins-Mitgliedern unterzeichnete Antrag auf:

„Einführung der Creditgewährung in laufender Rechnung."

Die Generalversammlung nebst Tagesordnung wird in dem . . . . Blatte ordnungsmäßig bekannt gemacht und dazu außerdem mittelst besonderer Bestellzettel an die einzelnen Mitglieder durch den Vereinsboten eingeladen.

    d. Ferner werden folgende Anträge des Vorstandes genehmigt:

      1. auf Anschaffung eines eisernen Geldschrankes und Veräußerung der alten eisernen Kasse, unter Bewilligung von 90 Thlr. zu ersterem;

      2. auf Ankauf eines Apoints von 500 Thlr. von der staatlich garantirten 4½procentigen . . . . Anleihe nach dem Course von 96³/₄ pCt., zur Belegung im Geschäft ¦in der nächsten Zeit nicht verwendbarer Kassenbestände;

      3. auf Annahme des Rechtsanwalts H. . . . hier als Bevollmächtigten zur Führung der vorkommenden Processe.

    e. Hiernächst schritt man zu einer gemeinschaftlichen Sitzung mit den anwesenden Vorstandsmitgliedern, worin folgende beim Vorstande angemeldeten Personen

      1. der . . . .

      2. der . . . .

als Mitglieder des Vereins aufgenommen wurden, wonächst man noch von der Abmeldung des bisherigen Mitgliedes

      N. . . . .

Notiz nahm, dessen Ausscheiden mit Ablauf des gegenwärtigen Kalender- und Rechnungsjahres erfolgt, da die Kündigung 4 Monate vor dessen Ende beim Vorstande eingereicht ist.

Vorgelesen, genehmigt, vollzogen.

    (Unterschriften der Ausschuß- und Vorstandsmitglieder.)

Nachträglich

    wurde

f. nach Abtritt des Vorstandes beschlossen:

    auf morgen Vormittag 9 Uhr eine außerordentliche Revision der Kassenbestände an Geld, Werthpapieren, Wechseln und sonstigen Schulddocumenten, unter Vergleichung der Bücher, vorzunehmen,

mit welchem Geschäfte man

    den Vorsitzenden und die beiden Ausschußmitglieder

      Herrn . . . . . . und

      Herrn . . . . . .

betraute.

Die Vorstandsmitglieder werden erst zu der bezeichneten Stunde davon benachrichtigt und in das Kassenlocal bestellt, mit der Anweisung, die in ihrem Gewahrsam befindlichen Bücher und Listen des Vereins mit

3.

Beamte, Bevollmächtigte und Procuristen in den Vorschußvereinen.

Der §. 29 des Genossenschaftsgesetzes verordnet:

„Der Betrieb von Geschäften der Genossenschaft, sowie die Vertretung der Genossenschaft in Beziehung auf diese Geschäftsführung kann auch sonstigen Bevollmächtigten oder Beamten der Genossenschaft zugewiesen werden. In diesem Falle bestimmt sich die Befugniß derselben nach der ihnen ertheilten Vollmacht, sie erstreckt sich im Zweifel auf alle Rechtshandlungen, welche die Ausführung derartiger Geschäfte gewöhnlich mit sich bringt."

und ist diese Wortfassung wohl im Auge zu behalten.

Die erste hierbei aufgeworfene Frage ist die Zulässigkeit von Procuristen nach Titel 5 Buch I. des Allgem. Deutschen Handelsgesetzbuchs bei den Genossenschaften, und man beruft sich für diese Zulässigkeit auf §. 10 alin. 3 des Genossenschaftsgesetzes. Nun gelten nach dieser Gesetzstelle allerdings die im Allg. Deutschen Handelsgesetzbuche in Betreff der Kaufleute gegebenen Bestimmungen auch in Betreff der Genossenschaften, indessen doch nur: „soweit das Genossenschaftsgesetz keine abweichenden Vorschriften enthält." Dies letztere ist aber bei dem vorliegenden Gegenstand nach Ansicht des Verfassers ganz entschieden der Fall, denn das Genossenschaftsgesetz behandelt die ganze Materie, von den in der Vertretung der Vereine neben den Vorständen zulässigen Functionären ganz selbstständig in einem besonderen Abschnitte, dem §. 29, setzt darin fest, was in dieser Beziehung in den Genossenschaften geschehen kann, und dies ohne allen Zweifel abweichend von dem Allgem. Deutschen Handelsgesetzbuch, indem es nicht die dort benannten Procuristen und Handelsbevollmächtigten, sondern nur einfache Bevollmächtigte und Beamte zu dem genannten Zwecke einführt und deren Befugnisse in ganz anderer Weise regelt, wie wir sogleich sehen werden. Indessen mag man die Frage im Augenblick immerhin als eine zweifelhafte gelten lassen, weshalb in dem Musterstatut über die Bedingungen wegen Annahme und Entlassung solcher Procuristen ꝛc. Andeutungen gegeben sind, denen wir Einiges hier zufügen wollen.

Zunächst können wir ein vorwiegendes praktisches Bedürfniß der Zulassung von Procuristen in den Genossenschaften nicht anerkennen. Der Procurist bei einem Vorschußverein insbesondere würde hinsichtlich der

Vertretung des Vereins einfach die Befugnisse eines Vorstandsmitgliedes*) haben, welche, sobald die Procura einmal ertheilt ist, nicht mandatsmäßig beschränkt werden können, sondern im Gesetz selbst unabänderlich geregelt sind. Auch gilt wegen seiner Anmeldung beim Handelsgericht, seiner Zeichnung vor demselben, der Anzeige wegen Erlöschens der Procura, das in Bezug auf den Ab- und Zugang von Vorstandsmitgliedern Vorgeschriebene. Warum also nicht gleich einen Vorsteher mehr an seiner Statt wählen, da er doch die Stelle eines solchen ausfüllt?

Der große Unterschied, welcher in dieser Hinsicht in dem Falle obwaltet, wo nicht Genossenschaften, sondern einzelne Personen oder auch einige wenige Compagnons Inhaber eines Handelsgeschäfts sind, stellt sich auf den ersten Blick dar. Denn solchen wird es recht oft um die geschäftliche Vertretung, sei es zur Aushülfe oder zur Bequemlichkeit, durch Personen, welche sie nicht zur Theilhaberschaft im Geschäft zuzulassen brauchen, zu thun sein, und diesem überall und in gleicher Weise auftretenden Bedürfnisse verdankt das Institut der Procura seine Entstehung. Diese Voraussetzung trifft aber nicht zu, wenn Vereine von zahlreicher Mitgliedschaft und unter persönlicher Haftbarkeit Aller, Geschäftsinhaber sind und ohnehin in Folge gesetzlicher Anordnung ihre Geschäftsführer in den Vorstehern aus ihrer Mitte zu erkiesen haben. (§. 16 des Gen.-Ges.) Was soll solche Vereine bewegen, einige der mit der Geschäftsleitung zu betrauenden Personen als Vorsteher, andere als Procuristen zu qualificiren, da beide Kategorien hinsichtlich der Vereinsvertretung nach Außen gleiche Befugnisse üben? Etwa die sonst in der Stellung Beider bestehenden Unterschiede? Im Gegentheil sprechen diese eher dagegen als dafür, sobald man die Rücksichten auf die unerläßlichen Garantieen gegen den Mißbrauch der Vertretungsbefugniß im Auge behält. Wenn z. B. die Procuristen nicht, wie die Vorstände, von der Generalversammlung gewählt werden müssen, wenn sie ferner nicht, gleich diesen, Vereinsmitglieder zu sein brauchen, so kann dies doch kaum als eine Empfehlung für ihre Einführung gelten. Einestheils hat der Verein das größte Interesse, sich eine Stimme bei der Auswahl solcher Vertreter zu sichern, deren Machtvollkommenheit in Handhabung der Vereinsgeschäfte ihn in so schwere Verwickelungen stürzen kann: anderntheils wird er auch die Garantie nicht entbehren wollen, daß sie in das Geschäftsrisiko mit eintreten, wie dies bei

---

*) Der Fall der einzigen Beschränkung hierbei nach Art. 42 des Allgem. Deutschen Handelsgesetzbuchs, wegen Verkaufs und Belastung von Grundstücken, kommt bei Vorschußvereinen doch so gut wie nicht vor.

den Vorstehern wegen der ihnen im Gesetz auferlegten Mitgliedschaft im Vereine der Fall ist. Dazu kommt noch, daß die Einsetzung und Entlassung der Procuristen (wie wir sogleich zeigen werden) ganz in den Händen des Vorstandes liegt, was der wirksamen Wahrnehmung der Vereinsinteressen ihrerseits bei Differenzen mit dem Vorstande durchaus keinen Vorschub leistet. — Nach alledem treten dem gegen die Zulassung von Procuristen aus dem Genossenschaftsgesetz abgeleiteten formellen Grunde nicht unerhebliche materielle Bedenken hinzu. Im Gegensatz zu gewöhnlichen Privatgeschäften, besitzen die Genossenschaften in ihren Vorständen das zur Geschäftsleitung und Vertretung erforderliche Personal in beliebiger Zahl und Auswahl, und mit einer ihrem Wesen und Interesse mehr zusagenden Modification. Ist es jenen Inhabern von Privatgeschäften darum zu thun, in den Procuristen Gehülfen ohne Theilhaberschaft zu erlangen, wobei ihnen in der Hauptsache, als den Principalen, Gewinn und Risico allein verbleiben, so muß es den Genossenschaften daran liegen, in den Vorstehern, von denen jeder die Theilhaberschaft am Geschäft für seine Person, als Mitglied, mit der Procura für alle übrigen Mitglieder verbindet, eine Zahl verantwortlicher Procuristen zu erlangen, welche von den Folgen ihrer Geschäftsverwaltung selbst mit betroffen werden. In der That ist dies, bei der unbedingten Haftbarkeit aller Vereinsmitglieder mit ihrem ganzen Vermögen für die Verbindlichkeiten, in welche der Vorstand selbst einseitig die Vereine verwickeln kann, ein wohl zu beherzigender Punct. Und eben darauf hat der Gesetzgeber, nach der Auffassung des Verfassers, gerücksichtigt, wenn er die Haupt- und Gesammtvertretung der Vereine (§. 16 Gen.-Ges.) in ein Organ verlegte, welches ausschließlich aus der eigenen Wahl der Vereine, und ausschließlich aus der Mitte ihrer eigenen Mitglieder hervorgeht. Dieses Motiv wird aber sofort in bedenklicher Weise durchbrochen durch die Zulassung von Procuristen, bei denen jene Momente nach dem Gesetz nicht erforderlich sind. Und wollte man dieselben im Statute ergänzen, Wahl und Mitgliedschaft auch bei ihnen verlangen, so gewährt dies gegen einseitige Zuwiderhandlungen der Vorstände nicht den ausreichenden Schutz. Zudem spräche man aber im Grunde auch damit nichts anderes aus, als daß die Procuristen in Allem den Vorständen gleichgestellt sein sollen, und wir können alsdann nur die Frage wiederholen: wozu dann in aller Welt die ganze, bloß auf einen verschiedenen Namen für dieselbe Sache hinauslaufende Unterscheidung dienen soll?

Doch kehren wir zu den nach dem Genossenschaftsgesetz unstreitig zulässigen Bevollmächtigten und Beamten zurück. Daß und wie sich dieselben nach §. 29 des Gen.-Ges. von den im Handelsgeſetzbuch aufgeführten unterſcheiden, ergiebt ſich auf den erſten Blick. Nicht der Betrieb **der** Geſchäfte der Genoſſenſchaft, d. h. der Geſchäftsbetrieb der Genoſſenſchaft überhaupt, ſondern: der Betrieb **von** Geſchäften der Genoſſenſchaft; nicht die Vertretung der Genoſſenſchaft in Beziehung auf **die** Geſchäftsführung, ſondern: die Vertretung „in Beziehung auf **dieſe** Geſchäftsführung" ſoll nach dem Geſetz Bevollmächtigten oder Beamten zugewieſen werden können. Dabei ſoll ſich „die Befugniß derſelben nach der ihnen ertheilten Vollmacht beſtimmen, und ſich im Zweifel auf alle Rechtshandlungen erſtrecken, welche die Ausführung **derartiger** (nicht **der**) Geſchäfte gewöhnlich mit ſich bringt." Nur vom Betriebe e i n - zelner Geſchäfte oder Geſchäftszweige iſt demnach hier die Rede; nur von der Vertretung der Vereine in dieſen ſpeciellen Geſchäften oder Geſchäftszweigen, keineswegs von Leitung des Vereinsgeſchäfts im Ganzen, von Vertretung des Vereins in allen zu deſſen Geſchäftsbetrieb überhaupt gehörigen Angelegenheiten. Die ganze Befugniß dieſer Bevollmächtigten und Beamten bewegt ſich daher lediglich innerhalb der ihnen ausdrücklich ertheilten Vollmacht, und nur wenn dieſe in einem Punkte Zweifel übrig läßt, erſtreckt ſie ſich auf Vornahme aller Handlungen, welche die Ausführung derartiger Geſchäfte, d. h. von Geſchäften, wie ſie ihnen ſpeciell übertragen ſind, erfordert. Ueberall iſt demnach von einer aus dem Geſetz fließenden Machtvollkommenheit dieſer Beamten und Bevollmächtigten, wie ſie den Vorſtänden und Procuriſten zur Seite ſteht, keine Rede, und auch nicht von der in demſelben Abſchnitt des Allg. D. Hand.-Geſ.-Buchs vorkommenden Ausdehnung des Mandats eigentlicher Handlungsbevollmächtigten im Sinne des Art. 47 daſelbſt auf alle in einem Handelsgeſchäft gewöhnlich vorkommenden Acte. Vielmehr haben die nach dem Genoſſenſchaftsgeſetz neben dem Vorſtand zugelaſſenen Vertreter nur die Stellung gewöhnlicher Privatbevollmächtigten, und wenn man etwa zwiſchen Beamten und Bevollmächtigten unterſcheiden will, ſo wird der Unterſchied nicht in dem Rechtstitel ihrer Befugniß zu ſuchen ſein, ſondern ſich meiſt wohl darauf zurückführen laſſen, daß das Mandat von Beamten mehr auf Uebertragung dauernder Verrichtungen, vielleicht ganzer Geſchäftszweige, das der Bevollmächtigten mehr auf Erledigung einzelner Aufträge ſich bezieht.

Faſſen wir die vorſtehenden Erörterungen zuſammen, ſo erhalten wir folgende praktiſche Ergebniſſe:

a. Der für jede Genoſſenſchaft unentbehrliche aus ihrer Mitte zu wählende Vorſtand hat die Geſammtvertretung der Genoſſenſchaft in allen Stücken kraft des Geſetzes (§. 16. Gen.-Geſ. u. flgd.) und kann darin durch das Statut dritten Perſonen gegenüber nicht beſchränkt

werden. Er übt in Folge dessen alle im Handelsgesetzbuch dem
Eigenthümer eines Handelsgeschäfts (Principal) — das ist der
von ihm in seiner Totalität vertretene Verein — zustehenden Rechte.
Auf ihn, auf seine Zeichnung müssen daher am letzten Ende alle
und jede die Genossenschaft verpflichtenden Acte zurückbezogen werden
und darin ihre rechtliche Begründung finden.

b. Der Betrieb von einzelnen Geschäften oder von Geschäfts-
zweigen der Genossenschaft kann auch Bevollmächtigten und
Beamten übertragen werden, welche den Verein nach Maaß-
gabe der ihnen ertheilten Vollmacht darin vertreten und verpflichten.
Welche Mitwirkung aber auch im Vereinsstatut bei der Bestellung von dergleichen Personen den übrigen Organen des Vereins
zugesichert werden mag, so kommt die Bestellung Dritten gegenüber
doch nur durch Vornahme des bezüglichen Actes Seitens
des Vorstandes zur Ausführung und rechtlichen Geltung. Erst
die vom Vorstande in gehöriger Form gezeichnete Vollmacht oder Bestallung verleiht jenen Mandatarien ꝛc. die Vertretungsbefugniß, welche
daher als eine von der des Vorstandes abgeleitete, auf diese letztere
sich in ihrem Rechtsgrunde stützende, in Betracht kommt, und auch
insofern davon abhängig ist, als sie allein vom Vorstande widerrufen,
die Beamten und Mandatarien von ihm allein entlassen werden können.
Das Letztgesagte gilt ebenfalls in Bezug auf Procuristen, wenn
man dieselben überhaupt für zulässig hält und einführt. Vom Vorstande, der an Stelle des Geschäftsprincipals steht, muß die
Ertheilung der Procura ausgehn und dem Handelsgericht angezeigt
werden, ebenso wie das Erlöschen derselben (Art. 41. 45. A. D.
Hand.-Ges.-B.) und insofern bleibt allerdings der Vorstand auch den
Procuristen übergeordnet. Ob und in wie weit bei Ertheilung oder
Zurücknahme der betr. Mandate der Vorstand die im Statut bestimmte
Mitwirkung der übrigen Vereinsorgane, z. B. der Generalversammlung oder des Ausschusses beachtet oder sich darüber hinwegsetzt, ist
für die Gültigkeit seiner Acte gegen Dritte ohne Einfluß. Was
die von ihm auch statutenwidrig eingesetzten Beamten ꝛc. kraft der
ihnen ertheilten Vollmacht negociirt haben, das muß der Verein gegen
sich gelten lassen, und kann nur an die Vorsteher sich im Wege der
Regreßklage halten, wenn er Schaden dadurch erlitten hat, auch nach
Befinden dieselben suspendiren und absetzen, wie wir im vorigen Abschnitt sahen.

c. Bei Abschließung der ihnen übertragenen Geschäfte müssen
die Beamten und Bevollmächtigten diejenigen Formen — besonders
bei der Zeichnung — beobachten, welche ihnen ihre Vollmacht oder
Bestallung vorschreibt, wenn der Verein dadurch verpflichtet werden
soll. Und hier liegt eben der oben im I. Abschnitt in den Motiven zu

§. 15 des Musterstatuts angedeutete Unterschied zwischen ihrer und
der Zeichnung des Vorstandes. Wenn diese letztere ihrer Form
nach — z. B. ob die Zeichnung eines einzelnen Vorstehers genügt,
oder die mehrerer 2c. erforderlich ist — im Statut ein für allemal bestimmt und im Handelsregister eingetragen werden, auch stets
in derselben Weise erfolgen muß, soll sie verbindliche Kraft haben,
so kann der Vorstand die Zeichnung der Beamten 2c. in der Vollmacht beliebig anders anordnen. Ist z. B. die Unterschrift zweier
Vorsteher im Statut gefordert, so hindert dies nicht, daß der
Vorstand einen Kassirer annimmt, und diesen bevollmächtigt,
mit seiner einzigen Unterschrift rechtsgültig über alle Zahlungen
in der Kasse zu quittiren. Sobald hier nur die Vollmacht oder
Bestallung selbst statutenmäßig von den zwei Vorstehern gezeichnet
ist, sind die Quittungen gültig, welche der Kassirer einseitig darnach ertheilt, indem er dabei nur als Substitut der Vollmacht-
geber auftritt, deren Zeichnung der Vollmacht seine Zeichnung der
Quittung deckt und ergänzt.

Mit diesen Hauptgesichtspunkten, wornach sich die rechtliche Seite
der bezüglichen Vereinsvertretung regelt, ist indessen die Sache nicht
abgemacht. Vielmehr haben wir auch auf die geschäftliche Zweck-
mäßigkeit der dabei zu ergreifenden Maaßregeln, auf die nothwendigen Garantien für das Genossenschaftsgeschäft zu sehen, welche in
vielen Fällen mit dem was dem Gesetze genug thut, keineswegs in
ausreichendem Maße erreicht werden. Wie wir bei der Verwaltung
der Vorsteher eine Gewähr für deren gewissenhafte Pflichterfüllung
in der mindestens zwiefachen Zeichnung — man vergleiche oben
Abschn. II. Nr. 2 — und Cautionsbestellung besonders Seitens
des Kassirers (Mein Buch S. 207 flgd.) suchten, so werden
wir von diesen Maaßregeln auch den mit der Verwaltung befaßten
Bevollmächtigten, besonders den Kassenbeamten, oder gar etwaigen
Procuristen gegenüber ebenfalls nicht abgehn können, wollen wir
nicht Hinterziehungen und Defecten aller Art bequemen Zugang lassen.
Hinsichtlich der doppelten Zeichnung namentlich wird wohl am zweck-
mäßigsten so verfahren werden, daß man zu der Unterschrift des
Beamten oder Procuristen in der Bestallung oder Procura stets
noch die eines Vorstehers verlangt, von denen bei größeren Vereinen
— und nur solche werden zu einer Verstärkung des Geschäftspersonals
in obiger Weise schreiten — ohnehin immer mindestens einer während
der Geschäftsstunden im Vereinslocale anwesend sein sollte, um das
Ganze zu überwachen. Außerdem wird aber auch Dasjenige, was
wir bei Besprechung der Stellung von Procuristen andeuteten, wohl
zu beachten sein. Nicht ihnen allein, sondern allen Beamten, deren
Vertretung den Verein in Verwickelung und Schaden bringen kann,

soll man den Eintritt in die Mitgliedschaft zur Pflicht machen, damit sie in das Risico des von ihnen mitgeleiteten Geschäfts solidarisch mit eintreten. Endlich ist, bei Procuristen und Kassenbeamten mindestens, auch noch die Zustimmung der Generalversammlung — bei unwichtigeren Beamten etwa die des Ausschusses — zu deren Ernennung und Salarirung im Statut vorzubehalten, damit wenigstens, bei einseitigen Uebergriffen des Vorstandes dabei, derselbe wegen Verletzung des Statuts sowohl auf Schadenersatz belangt, als von seiner Function enthoben werden kann, worüber das Nöthige im Musterstatut enthalten ist.

Nach alledem bleibt nur übrig, zum Schlusse dieses Abschnitts den Genossenschaften den Rath zu ertheilen, sich, insoweit ihnen die Verstärkung der Vorstände in der Leitung und Vertretung des Vereinsgeschäfts geboten erscheint, innerhalb der ausdrücklich im Gesetz zugelassenen Beamten und Bevollmächtigten zu halten, mit denen sie unter allen Umständen auskommen. Nicht nur, daß sie auf solche Weise keine Gefahr laufen, in einer so bestrittenen Materie mit dem Gesetz in Widerspruch zu gerathen, ist dies zugleich der beste Weg, um sich die vom Gesetz gegen den Mißbrauch der Vertretungsbefugniß der bez. Functionäre gebotenen Garantieen zu erhalten. Damit aber erfüllen sie eine gebieterische Pflicht gegen sich selbst, wie gegen ihre Mitglieder.

III.

Einige praktische Bemerkungen über den Schluß der Bücher am Ende des Geschäftsjahres und über die Jahresrechnung der Creditgenossenschaften.

Die anhaltende Steigerung der Geschäfte der Creditgenossen-schaften vergrößern mit den verwalteten Kapitalmengen die Arbeitslast der Vorstände und Beamten und erhöhen ihre Verantwortlichkeit. Das preußische Genossenschaftsgesetz verleiht den eingetragenen Ge-nossenschaften die Rechte des Kaufmanns und legt dem Vorstande die Pflichten desselben auf. Eine der wesentlichen dieser Pflichten ist die übersichtliche und genaue Buchführung über die gemachten Geschäfte und die jährliche Aufstellung einer wahrhaftigen Bilanz. Ueber die Aufstellung der Bilanz und den derselben vorhergehenden Abschluß der Handlungsbücher will ich hier, im Anschlusse und in weiterer Ausführung des vom Verfasser der „Vorschuß- und Creditvereine als Volksbanken" S. 199 bis 202 Gesagte, einige praktische Winke für diejenigen Vereinsverwaltungen geben, denen die kaufmännische Buchführung noch nicht vollständig bekannt oder doch noch nicht ganz geläufig ist.

Die Vereinsverwaltungen würden wenig Mühe und Arbeit mit der Aufstellung der Jahresrechnung haben, wenn sich diese einfach auf den Abschluß und die Resultate der Geschäftsbücher stützen dürfte. Da jedoch Ordnung und Sicherheit erfordern, beim Abschlusse die Richtigkeit der Bücher zu prüfen und die Resultate derselben mit dem Thatbestande zu vergleichen, wird die Arbeit größer und vielseitiger, und es ist nöthig im Voraus zu überlegen, was zu thun ist, in welcher Zeit und Reihenfolge und von wem es gethan werden soll.

Am Abend des Tages, mit welchem das Geschäftsjahr schließt, müssen sofort alle Bücher und Listen bis zum letzten Punkte nachgetragen werden, und dann sind noch unaufschieblich drei Arbeiten vorzunehmen und definitiv zu beenden:

1) das Kassenbuch muß aufgerechnet und abgeschlossen, und die vorhandene Kasse muß gestürzt, nachgezählt und die Uebereinstimmung des wirklich vorhandenen Kassenbestandes mit dem Sollbestande des Kassenbuches festgestellt werden;

2) die vorhandenen Vorschuß- und Discont-Wechsel oder Schuldscheine müssen inventarisirt, nebst allen etwa vorhandenen oder wegen Protesterhebung beim Notar befindlichen Resten e i n z e l n v e r z e i c h n e t w e r d e n, und zwar mit ihrer Control-Nummer, dem Betrage, der Verfallzeit und dem Namen des Schuldners (Vorschußempfängers). Auch muß aus der Wechsel-Controlle ein Verzeichniß derjenigen Wechsel gemacht werden, welche nach derselben am Abend des Abschlußtages v o r h a n d e n s e i n s o l l e n;

3) die vorhandenen Werthpapiere müssen nach Nummer, Betrag, Art des Papiers und den abgelaufenen Zinsen verzeichnet werden.

Die Einwendung, daß sich diese Arbeiten nicht an einem Abende verfertigen ließen, weil doch der vorhandenen Wechsel oder Schuldscheine so viele wären, oder daß bei der pünktlichen Geschäftsführung ein Inventarisiren der Schulddocumente überflüssig sei, kann von keiner Verwaltung fremder Gelder und Interessen als stichhaltig angesehen werden. Sollte dieser oder jener Verein bisher anders verfahren sein und nun sagen wollen: bei uns ist das nicht nöthig, wir haben es nie gethan und doch keinen Verlust, keine Verlegenheit, keine Differenz gehabt, so würde man ihm erwidern können: vielleicht eben deßhalb, weil er bisher noch keine exacte Inventur gemacht habe, sei ihm noch kein Fehler aufgestoßen. Es handelt sich aber überhaupt nicht darum, nur das als unumgänglich Erkannte zu thun, sondern alles zu thun, was irgend beansprucht werden kann, um Keinem Veranlassung zu geben zu der Vermuthung, daß man seinen Verbindlichkeiten nicht bis auf den letzten Buchstaben genügt habe.

Um auch die letzten Bedenklichkeiten über die Möglichkeit der beanspruchten Inventarisirung der Schulddocumente zu beseitigen, kann ich mittheilen, daß in der Genossenschaftsbank ich selbst die vorhandenen Wechsel 4 mal im Jahre an einem Abende aufnehme und daß, wie mir genau bekannt ist, mehrere Verwaltungen gerade der größeren Vereine, welche einen sehr großen Wechselvorrath haben, ebenso verfahren. Die Arbeit wird sehr gefördert, wenn im Voraus eine hinlängliche Menge Papier mit den nöthigen Linien und Rubriken versehen worden ist.

I. Activa.

Abschluß der Kasse.

Wird ein Memorial zur Buchung solcher Geschäfte geführt, die nicht directe Geld-Einnahmen und -Ausgaben sind, dann ist der sofort mit dem Schluß des Geschäftsjahres erfolgende Schluß des Kassenbuches ganz selbstverständlich. Etwas anders steht es dem Ausscheine nach bei Vereinen, welche zur „ersten Buchung" nur ein Kassenbuch führen. Diese glauben den Abschluß des Kassenbuches zur nachträglichen Buchung mannichfaltiger Geschäfte aufschieben zu müssen, welche im neuen Jahre realisirt werden und doch in das alte gehören. Es ist jedoch dabei zu bedenken, daß die Bücher die Geschäfte genau so darstellen sollen, als sie thatsächlich vor sich gehen. Dies bringt die Natur der Sache mit sich, und dies erfordert die für jedes Geschäft unerläßliche Treue, Wahrhaftigkeit und unbedingte Zuverlässigkeit. Wollte man, um Beispiele anzuführen, dem Boten am 3. Januar 10 Thlr. rückständiges Gehalt zahlen und diese Zahlung unter dem vergangenen 31. December buchen; wollte man im Anfange Januar geleistete Zinszahlungen für Darlehen oder empfangene Verzugszinsen oder Discont für gewährte Vorschüsse, oder Mitgliederbeiträge noch im December buchen, weil sie sich auf Geschäfte des alten Jahres beziehen, so würde man eine Thatsache in den Büchern anders als sie sich ereignet hat, also falsch darstellen. Außerdem würde man damit buchlich und rechnungsmäßig einen ganz anderen, größeren oder kleinern Kassenbestand erhalten, als er am 31. December wirklich vorhanden gewesen ist, und damit auch der veröffentlichten Bilance eine mit den Thatsachen und Vorgängen nicht übereinstimmende Gestalt geben. Ja es kann sich ereignen, daß der am 31. December wirklich vorhandene Kassenbestand durch nachträgliche Eingänge erheblich anschwillt oder auch durch nachträgliche Zahlung erheblich zusammen schwindet oder gar sich zum Deficit gestaltet.

Eine weitere Nöthigung zum definitiven Abschluß des Kassenbuches am Tage des Rechnungschlusses ist diese: bei einem fortgesetzten Aufschube des Kassenabschlusses und bei der, in Folge derselben eintretenden Schwankung des Kassenbestandes am 31. December kann dieser auch nicht definitiv in den Januar übertragen werden. Daraus entsteht der sehr große Uebelstand, daß das Kassenbuch für Januar nicht definitiv summirt werden kann und die Ermittelung des Sollbestandes an jedem Tagesschluß außerordentlich erschwert, wenn nicht überhaupt unterlassen wird.

Der Mangel eines Memorials bringt große Unzuträglichkeiten und Mühseligkeiten mit sich. Wie groß dieselben auch seien, sollte der Wunsch sie zu beseitigen die Einführung des Memorials veranlaffen, nimmermehr aber die, wenn auch in guter Abficht unternommene falfche, den Thatfachen widerfprechende Führung des Kaffenbuches. Diefe follte von allen Vereinsverwaltungen vermieden werden. Die eingetragenen Genoffenfchaften müffen fich derfelben unter allen Umftänden enthalten, denn fie find nach §. 10 des Genoffen- fchaftsgefetzes den im Allgem. deutfchen Handelsgefetzbuche in Betreff der Kaufleute getroffenen Beftimmungen unterworfen, und würden fich ftraffällig machen, wollten fie in ihren Büchern die Gefchäfte anders verzeichnen, als fie vor fich gegangen find, oder wollten fie eine Bilance veröffentlichen oder nur in ihren Büchern einen Abfchluß machen, der den thatfächlichen Vorgängen und Zuftänden nicht voll- kommen entfpricht. (Vergleiche Artikel 29 Alin. I. des Allgem. Deutfchen Handelsgefetzbuchs). Ueberhaupt dürfen eingetragene Ge- noffenfchaften nicht bei dem Kaffenbuche ftehen bleiben, fie müffen vielmehr nach den Beftimmungen des Handelsgefetzes (Artikel 28—40) ein Memorial und Hauptbuch zu den bisher geführten Büchern ein- richten und pünktlich und genau fortführen. Die Anordnung, jedes Gefchäft in den Büchern fo zu verzeichnen, wie es vor fich gegangen, die Vermögensftücke nach ihrem Werthe zu verzeichnen, jedes Jahr ein Inventarium aufzunehmen und eine Bilance zu ziehen, läßt fich mit dem Kaffenbuche allein nicht oder doch nur ausführen mit Auf- wendung von viel Mühe und Nachdenken. Hiermit foll aber durch- aus nicht gefagt fein, man möge das Schulze'fche Kaffenbuch mit feinen fachlich geordneten Rubriken vertaufchen mit dem einfachen kauf- männifchen Kaffenbuche. Im Gegentheil halte ich das Schulze'fche Kaffenbuch für einen großen Fortfchritt, jenem gegenüber, für einen Fortfchritt der großen Ueberfichtlichkeit der verzeichneten Gefchäfte wegen und wegen der großen Arbeitserfparniß, deren Darlegung hier zu viel Zeit und Raum in Anfpruch nehmen würde.

Verzeichniß und Werthsberechnung der vorhandenen Wechfel und Schuldfcheine.

Die Beftimmungen des Handelsgefetzes bezüglich der jährlichen Inventur find ganz ftrict und laffen fich nicht ignoriren oder um- gehen. Ift daher die Inventur für die eingetragenen Genoffenfchaften eine gefetzliche Nothwendigkeit, fo ift fie für alle Creditgenoffen- fchaften nicht minder eine gefchäftliche Nothwendigkeit. Jede Vereinsverwaltung muß daher die am Jahresfchluffe aufgenommenen Verzeichniffe der nach der Wechfel-Controlle vorhanden fein follenden Wechfel mit dem Verzeichniffe der wirklich vorgefundenen Wechfel in's Einzelne vergleichen. Hat fich gefunden, daß mehr oder weniger Wechfel da find, als da fein follen, dann müffen Wechfel verloren gegangen fein, oder der dafür eingekommene Betrag ift nicht zur Geschäftskasse gelangt, oder der dafür ausgezahlte Betrag nicht auch buchlich verausgabt, oder die Controll-Liste ist mangelhaft geführt. Der Fehler muß unter allen Umständen energisch gesucht, gefunden und verbessert oder ausgeglichen werden. Vielleicht findet er sich bei der folgenden Operation, die unter allen Umständen vorgenommen werden muß, sei nun ein Fehler vorhanden oder nicht. Die einzelnen Conten der Mitglieder, auf welchen ihnen die empfangenen Vorschüsse belastet und die zurückgezahlten gutgeschrieben werden, sind bezüglich der noch ausstehenden Vorschüsse mit den vorgefundenen Wechseln zu vergleichen. Findet sich, daß alle auch hiernach vorhanden sein sollenden Wechsel und nicht mehr, am 31. December da gewesen sind, dann wird jedes Conto abgeschlossen, der Saldo gezogen und per 1. Januar vorgetragen. Der Saldo jedes Conto's wird auf ein Verzeichniß getragen, nach Seitenzahl, Name und Betrag. Nun werden die Verzeichnisse der ausstehenden Vorschußforderungen und der am 31. December vorgefundenen Wechsel und Schuldscheine summirt. Sind die Summen unter sich gleich, und stimmt jede derselben mit derjenigen Summe überein, welche das Hauptbuch als Saldo des Vorschuß- oder Wechsel-Conto's oder wenn diese getrennt geführt werden, beider zusammen ergiebt, dann hat man Gewißheit über die Richtigkeit des Hauptbuches, des Specialbuches der Vorschüsse und der Wechsel-Controle so wie des Vorhandengewesenseins der vorhanden sein sollenden Wechsel bezüglich des 31. December oder des sonstigen Abschlußtages.

Das Handelsgesetzbuch (Art. 29) und das Geschäftsinteresse erfordern nun weiter, „den Werth der Vermögensstücke" in der Inventur anzugeben. Die Verwaltung muß daher ihre Forderungen in's Einzelne prüfen, ob sie auch wirklich den in den Wechseln und Schuldscheinen verzeichneten Werth haben, oder ob andernfalls eine genügende Deckung durch Bürgschaft oder Pfand vorhanden ist. Sollten sich zweifelhafte oder gar schlechte Forderungen finden, dann sind diese von dem Vorschuß- oder Wechsel-Conto abzuschreiben mit der Summe, welche man als verloren ansieht.

Ist diese Purification vorgenommen, dann wird ermittelt, wie viel auf die vorhandenen Wechsel Discont und Provision auf diejenige Zeit voraus erhoben und auf Zinsen-Conto im alten Jahre eingekommen ist, welche sie im neuen Jahre noch zu laufen haben. Dies kann sehr leicht und einfach bewerkstelligt werden, wenn sich an dem Verzeichnisse der vorhandenen Wechsel Rubriken befinden für die Zahl der Tage, die sie am 31. December noch zu laufen hatten und für die sogenannten Zinszahlen, das Product des Betrages und jener Tage. Das Verzeichniß wird dann beispielsweise so aussehen:

5*

Verzeichniß der am 31. December 1867 vorhandenen Wechsel, und Ermittelung des darauf überhobenen Discouts und Provision.

Nr.	Betrag. thlr. sgr. pf.			Fälligkeit.		Name des Schuldners.	Tage.	Zins- zahlen.
2480	500	—	—	Januar	1.	Friedrich Fleisch	1	500
2370	1000	—	—	„	12.	Heinrich Brod	12	12000
1987	50	—	—	„	31.	Julius Kaese	30	1500
2542	97	22	6	Februar	10.	Friedrich Fleisch	40	3910
2369	200	—	—	„	15.	Julius Schnaps	45	9000
2561	300	—	—	„	20.	Martin Schinken }	50	20000
2554	100	—	—	„	20.	Heinrich Brod }		
2500	75	—	—	„	28.	Friedrich Fleisch	58	4350
2000	700	—	—	März	5.	Julius Kaese	65	45500
2315	10	7	6	„	8.	Martin Schinken . . .	68	850
2412	80	—	—	„	15.	Carl Wurst	75	6000
2590	100	—	—	„	30.	Martin Schinken	90	9000
	3213	—	—	Summe der vorhandenen Wechsel				112610

Wollten die Vereinsverwaltungen, wie es einige wenige immer noch thun, den voraus erhobenen Discont und Provision nicht ermitteln und nicht reservoren, so würden sie gegen das Handelsgesetz und die Interessen ihres Geschäfts verstoßen, indem sie die vorhandenen Vermögensstücke nicht zu ihrem Werthe, natürlich dem gegenwärtigen, und da es sich hier um den 31. December handelt, zu ihrem Werthe vom 31. December, sondern zu ihrem Nominalwerthe inventarisiren, welchen sie doch erst am Tage der Fälligkeit erreichen.

Aus der ermittelten Summe der Zinszahlen werden nun so die überhobenen Zinsen und Provision gefunden, daß man folgendes Exempel rechnet: Wenn 7% jährlicher Discont und Provision erhoben wurden,

die Zinszahlen 112,610 (Product der Tage und Thaler) werden multiplicirt mit   7 (dem Zinsfuße)

das Product 788,270 wird dividirt durch das Product von 360 (Zahl der Tage des Jahres) und 100 (Thaler, wofür die Zinsen gewährt werden, 7%), also durch 36,000

36,000 : 788,270 = 21 Thlr. 18 Sgr. 6 Pf.

Es sind also Thlr. 21. 18. 6. Zinsen und Provision überhoben, welche für die Bedürfnisse des neuen Geschäftsjahres zu reserviren sind. Es wird sofort einleuchten, daß man auf die hier geschilderte Weise die einzelnen Zinsberechnungen in eine einzige vereinigt und das Endresultat mit Leichtigkeit und Sicherheit gewinnen kann. Ist die Provision und der Discont auf getrennten Conten gebucht, so müffen auch die Endermittelungen getrennt vorgenommen werden, in rem obigen Falle vielleicht 5% jährlicher Zins und 2% jährlicher Discont Thlr. 15. 13. 3. und Thlr. 6. 5. 3.

Das aus der Wechsel-Controlle gezogene Verzeichniß der am 31. December vorhanden sein sollenden Wechsel muß nach dem obigen Beispiele so lauten:

Nr.	Betrag.			Verfalltag.	
	Thlr.	Sgr.	Pf.		
1987	50	—	—	Januar	31.
2000	700	—	—	März	5.
2315	10	7	6	„	8.
2369	200	—	—	Februar	15.
2370	1000	—	—	Januar	12.
2412	80	—	—	März	15.
2480	500	—	—	Januar	1.
2500	75	—	—	Februar	28.
2542	97	22	6	„	10.
2554	100	—	—	„	20.
2561	300	—	—	„	20.
2590	100	—	—	März	30.
	3213	—	—	Gesammtbetrag.	

Sollte keine Wechsel-Controlle geführt werden, so müßten die vorhanden sein sollenden Wechsel aus dem Verfallbuche ausgezogen werden. Dieses Verzeichniß müßte ganz conform sein dem Verzeichnisse der vorhandenen Wechsel, da diese nach dem Verfalltage geordnet aufbewahrt werden.

Der Saldoauszug aus dem Buche, worin für jeden Vorschußempfänger ein besonderes Conto geführt wird, muß im vorliegenden Falle lauten wie folgt:

Zusammenstellung der Forderungen am 31. December 1867 nach den Vorschußempfängern.

Seite des Conto's.	Name des Schuldners.	Betrag.		
		Thlr.	Sgr.	Pf.
1.	Friedrich Fleisch	672	22	6
5.	Heinrich Brod	1100	—	—
7.	Julius Kaese	750	—	—
8.	Julius Schnaps	200	—	—
15.	Martin Schinken	410	7	6
16.	Carl Wurst	80	—	—
	Gesammtbetrag	3213	—	—

Das Verzeichniß der vorhandenen Werthpapiere muß so lauten:

Nominal- betrag. Thlr.	Nr.	Art des Werthpapiers.	Cours vom 31/12. 67.	Betrag. Thlr. Sgr. Pf.		
1000	22568	4½% Pr. Anleihe von 1864 Zins. darauf v. 1/10.—31/12.	96%	960	—	—
				11	7	6
500	7486	4% Preuß. Anleihe von 1850 Zins. darauf v. 1/10.—31/12.	89½%	447	15	—
				5	—	—
1000	274967	3½% Staatsschuldschein Zinsen laufen v. 1/1. 1868.	82½%	825	—	—
				—	—	—

Gesammtwerth der vorhandenen Werthpapiere 2248 22 6

Nach den Vorschriften des Handelsgesetzbuches und des Genossen-schafts-Gesetzes haben die Vorsteher der Genossenschaften die Inventur und Bilance mit ihrer Vereinsfirma und mit ihrem Namen zu unterschreiben und natürlich für die Richtigkeit einzustehen.

Laufende Rechnungen.

Der Abschluß der laufenden Rechnungen wird sehr gefördert und in kurzer Zeit bewirkt werden können, wenn dieselben mit Rubriken für Verfalltag, Zinstag und Zinszahlen versehen und diese bei Ein-tragung jedes einzelnen Postens gleich berechnet und niedergeschrieben oder in gelegener geschäftsloser Zeit ausgefüllt sind. Allgemein eingeführt werden sein die Beibücher, welche eine genaue Abschrift der laufenden Rechnung enthalten und vom Kunden zur Controlle der Uebereinstimmung der Bücher des Vereins mit denen des Kunden, von diesem bei jeder Ab- und Zuschreibung eingereicht und vom Vereine auf dem Laufenden erhalten sind. Diese Beibücher müssen beim Jahresschlusse eingefordert und jedes mit dem entsprechenden Conto verglichen werden. Ist diese Uebereinstimmung constatirt, dann muß von jeder einzelnen laufenden Rechnung, neben derselben, der Saldo ermittelt, die einzelnen Saldo nach Namen, Buchseite und Betrag verzeichnet und zusammen gerechnet werden. Stimmt die Summe aller einzelnen Saldo's mit dem Saldo des im Hauptbuche geführten todten Conto's der laufenden Rechnungen überein, dann und nicht früher ist zur Zins- und Provisions-Berechnung der einzelnen Rech-nungen zu schreiten.

Ist dem Kunden nur gestattet auf laufender Rechnung schuldig zu sein (und nicht auch gelegentlich gut zu haben), dann ist einfach der Saldo der Zinszahlen zu ziehen und derselbe mittelst des ver-abredeten Zinsfußes in Geld zu verwandeln und der Betrag dem Schuldner auf dem Conto selbst zu belasten. Ebenso wird mit der Provision verfahren, welche für den Umsatz zu entrichten ist. Hierbei fragt es sich, ob die Provision nur von denjenigen Summen berechnet wird, welche in der betreffenden Rechnungsperiode aus- oder einge-

Heinrich Richter in Rosenberg.

Soll.		Verfall	Thlr	Sgr	Pf	Tage	Zins-zahlen
1867							
Juli 1.	Saldo-Vortrag	30/6.	743	16	2	180	133837
Sept. 12.	Unsere Zahlung	12/9.	200	—	—	108	21600
Octbr. 10.	"	10/10.	100	—	—	80	8000
Novbr. "	Wechsel auf Magdeburg	15/12.	200	15	—	15	3007
Decbr. 7.	100 Thlr. 4½% Anleihe	2/12.	99	7	6	28	2779
Decbr. 2.	"		5	8	2	—	—
" 31.	87,955 Zinszahlen à 5%						
" 31.	⅓% Provision von Thlr.						
	1194. 11.		—	3	29	6	
			1353	16	4		169223
1868							
Januar 1.	Saldo-Vortrag	30/12.	158	5	4	180	28472

Hat.		Verfall	Thlr	Sgr	Pf	Tage	Zins-zahlen
1867							
Juli 15.	Seine Zahlung	15/7.	500	—	—	165	8...
August 4.	Wechsel auf Berlin . .	20/8.	144	11	—	130	1...
Octbr. 15.	Seine Zahlung	15/10.	300	—	—	75	2...
Novbr. 30.	"	30/11.	250	—	—	30	3...
Decbr. 31.	Saldo der Zinszahlen .		—	—	—		
Decbr. 31.	Saldo		158	5	4		
			1352	16	4		

Hat in der Rechnungsperiode der Zinsfuß gewechselt, so müssen die auf jede Zeit fallenden Zinszahlen besonders ermittelt we[rden]. Einen solchen Fall hier rechnungsmäßig darzustellen, würde zu viel Raum in Anspruch nehmen.

Gewährt der Verein dem Kunden neben dem Credite auch die Möglichkeit eines Guthabens in laufender Rechnung, dann muß das Conto in der Weise der schottischen Banken und die Zinsrechnung auf dem Wege der „Staffel" geführt werden. Warum gerade diese Rechnungsart nöthig ist, warum vermieden werden muß die Zinszahlen des Soll und Haben sich gegenseitig ausgleichen zu lassen, was bei der eben geschilderten Manier in dem vorliegenden Falle unter Umständen geschieht, das habe ich in einem früheren Jahrgange der „Innung der Zukunft" durch Beispiele erläutert und ich kann von hier nur darauf verweisen. Leider muß ich mir auch wegen Mangel an Raum versagen, in's Einzelne darzuthun, warum in laufender Rechnung es ein sehr schlechtes Gewinnresultat liefern würde, wollte man Zins und Provision zusammen werfen und diese mit einander aus den Zinszahlen ermitteln, und kann hier nur die Unrentabilität und deshalb Unangänglichkeit für die Creditgenossenschaften betonen, und das folgende Beispiel einer Staffelrechnung geben:

Julius Hart in Schaumburg.

Zeit.		Soll	Hat.	Tage	Zinszahlen Soll.	Zinszahlen Hat.
1867 Juli 1.	Saldo-Vortrag	593 4 6		7	4152	
„ 7.	Seine Zahlung	800 — —		25		5171
			206 25 6			
August 2.	Unsere Zahlung	— — —	100 — —	13		1389
			106 25 6			
„ 15.	„ „	198 4 6	305 — —	27	5350	
		150 — —				
Sept. 12.	Seine Rimessen	48 4 6		6	289	
		500 — —				
„ 18.	Unsere Zahlung	548 4 6		13	7126	
		1000 — —				
Octbr. 1.	Seine Zahlung		451 25 6	29		13074
			581 7 6			
„ 30.	Unsere Rimessen	— — —	129 12 —	5	647	
		500 — —				
Noobr. 5.	Unsere Zahlung	629 12 —		55	34617	
Decbr. 31.	52,181 Zinszahlen à 5 %	7 7 5		180	52181	19634
„ 31.	⅓% Provis. a. thl. 1986.7.6	6 18 7				
		643 8 —				
„ 31.	19,634 Zinszahlen à 3 %	1 19 —				
1868 Januar 1.	Saldo-Vortrag .. Thlr.	641 19 —				

Sind alle laufenden Rechnungen abgeschlossen (und die Beibücher je nach dem Vorschreiten der Arbeit an die Kunden zurückgegeben), dann wird im Memorial bezüglich der berechneten Zinsen folgender Satz eingetragen:

Dezbr. 31. Laufende Rechnungen sollen
an Zinsen-Conto.

Wir belasten die folgenden im gegenwärtigen Halbjahre aufgelaufenen, in ihren Rechnungen ermittelten Zinsen für das zweite Halbjahr 1867:

Heinrich Richter in Rosenberg
37,955. Zahlen 5 pCt. Thlr. 5. 8. 2.
Friedrich Müller hier
82,607. Zahlen . . . . Thlr. 17. 4. 8.
Julius Schneider hier
560,402. Zahlen . . . . Thlr. 77. 25. —
Traugott Schmidt hier
92,758. Zahlen . . . . Thlr. 12. 26. 6.
Thlr. 113. 4. 4.

Mit der berechneten Provision ist ebenso zu verfahren wie mit den Zinsen, und den laufenden Rechnungen auf ihrem Conto im Hauptbuche beide Posten in das Soll zu übertragen, dagegen der eine in das Haben des Zinsen-Conto und der andere in das Haben des Provisions-Conto einzustellen. Mit denjenigen Zinsen, welche der Verein in laufender Rechnung an seine Gläubiger schuldig geworden sein sollte, ist natürlich gerade umgekehrt zu verfahren: sie sind den Gläubigern im Einzelnen und den laufenden Rechnungen im Ganzen zu creditiren, dagegen dem Zinsen-Conto zu belasten.

Nunmehr sind die Saldos der einzelnen laufenden Rechnungen in ein definitives Verzeichniß zu bringen und zusammen zu zählen. Die Summe aller muß mit dem Saldo des Hauptbuches nach Uebertragung der Zinsen und Provision genau übereinstimmen. Sind Debitoren und Creditoren auf laufender Rechnung, so muß der Saldo des Hauptbuches gleich sein dem Unterschiede des Gesammt-Saldos aller Debitoren mit dem des Gesammt-Saldos aller Creditoren. In der Jahresbilance muß der Gesammt-Saldo aller Creditoren unter den Passiven und der Gesammt-Saldo alle Debitoren unter den Activen aufgeführt sein. Käme nur der Saldo in laufenden Rechnungen, wie ihn das Hauptbuch ergiebt, in Ansatz, so würde die Bilance nicht ein treues Bild aller Verpflichtungen und Berechtigungen sein.

Von jedem einzelnen Contoinhaber muß eine Erklärung darüber eingeholt werden, daß seine Bücher mit der Rechnung des Vereins übereinstimmen und er den vom Verein gezogenen Saldo ausdrücklich anerkennt. Diese Erklärung und Anerkennung mag so lauten:

An den Rosenberger Vorschußverein
eingetragene Genossenschaft in Rosenberg.

Rosenberg, den 15. Januar 1868.

Der von Ihnen empfangene Auszug und Abschluß meiner laufenden Rechnung für das zweite Halbjahr 1867 stimmt mit meinen Büchern überein und erkenne ich hierdurch ausdrücklich an, daß ich Ihnen darauf Thlr. 158. 5. 4. per 1./1. 1868 schulde.

Ergebenst
Heinrich Richter.

Diese oder eine ähnliche Erklärung schneidet alle Einwände ab, welche Heinrich Richter oder seine Rechtsnachfolger (Nachlaß- oder Concursmasse) in späterer Zeit etwa erheben möchten und gewährt der Vereinsverwaltung allein die unerläßliche Ueberzeugung von der Richtigkeit ihrer Special-Rechnung und der in der Bilance aufgeführten Hauptsumme der laufenden Rechnung. Die Vereinsverwaltung muß daher darauf halten, daß ihre Kunden die Erklärung nicht ungebührlich verzögern oder ganz unterlassen, und die Revisoren der Jahresrechnung müssen sich dieselben vorlegen lassen und sie mit den Büchern des Vereins vergleichen.

Conto der unsicheren Forderungen.

Schlecht gewordene Forderungen, aus denen unter allen Umständen nichts mehr zu erhalten ist, müssen gänzlich fortgeschrieben werden. Hat der Verein jedoch Aussicht, mit der Zeit vom Schuldner oder Bürgen noch Geld zu erzielen, empfiehlt es sich die Forderung von dem Conto der Vorschüsse, Wechsel oder laufenden Rechnungen auf ein zu formirendes „Conto der unsicheren Forderungen" zu übertragen, jedem einzelnen Schuldner eine besondere Rechnung zu eröffnen und in einem Actenstücke alle Beweismittel und Schriftstücke zu sammeln. Diesem unter den Activen aufzuführenden Conto gegenüber, muß aus dem Jahresgewinne ein „Conto zur Deckung unsicherer Forderungen" von gleichem Betrage gebildet und unter die Passiven aufgenommen werden. Stellt sich später ein definitiver Verlust heraus, so müssen diese beiden Conten unter einander ausgeglichen und der etwaige Ueberschuß (das aus den unsicheren Forderungen erlangte Geld) dem Gewinne aus dem laufenden Geschäftsjahre, oder auch dem Reservefond einverleibt werden.

II. Passiva.

Darlehen und Spareinlagen.

Die Abrechnung aller einzelnen Sparkassen- und Darlehens-Conten ist eine sehr mühevolle und umfangreiche Arbeit und erfordert die größte Aufmerksamkeit. Bevor sie in Angriff genommen werden kann, muß ermittelt werden, ob der Saldo des Hauptbuches übereinſtimmt mit der Summe aller Saldos der einzelnen Sparkaſſen- und Darlehens-Conten. Dieſe letzteren müſſen zu dem Behufe vorläufig und neben dem Conto ermittelt, zuſammengeſtellt und ſummirt werden. Stellt ſich nicht vollſtändige Uebereinſtimmung des todten Contos mit den Perſonen-Conten heraus, ſo iſt der oder die Fehler durch ſorgfältiges Collationiren aufzuſuchen und zu verbeſſern.

Werden die Zinſen auf Spareinlagen und Darlehen den Gläubigern auf ihrem Specialconto gutgeſchrieben und vom Tage des Rechnungsſchluſſes gleich einem neuen Darlehen verzinſt, dann empfiehlt es ſich, die Zinſen gleich auf dem Original-Conto zu berechnen und daſſelbe zu dem Zwecke mit Rubriken für Zinstage und Zinszahlen zu verſehen, gleich dem bei Gelegenheit der laufenden Rechnung gegebenen Beiſpiele. In dieſem Falle können die Zinstage und Zinszahlen im Laufe der Rechnungsperiode bis zu den Poſten des letzten Monats hin im Voraus berechnet und damit dem Abſchluß erheblich vorgearbeitet werden. Im Memoriale wird nun folgender Satz zur Creditirung der ſchuldigen Zinſen formirt:

Dezbr. 31.	Zinſen-Conto ſoll
	an Sparkaſſen-Conto

Wir creditiren die auf den Spezial-Conten berechneten Zinſen für Spareinlagen wie folgt:
Heinrich Schneider in Holleben für 17,000 Zins-
zahlen 3⅓ pCt. Thlr. 1. 19. 11.
Julius Müller in Haff für 13,500 Zinszahlen 3⅓ pCt. Thlr. 1. 8. 11.
Chriſtoph Becker hier für 7,480 Zinszahlen 3⅓ pCt. Thlr. — 21. 10.

Thlr. 3. 20. 8.

Ebenſo wird mit den Darlehen verfahren und ſind ſie mit verſchiedenen Befriſtungen unter verſchiedenen Conten notirt, mit jeder Art beſonders. Dann wird auf jedem einzelnen Conto der Saldo gezogen und eingetragen. Die nun ſich ergebenden Saldos der einzelnen Sparkaſſen- und Darlehns-Guthaben werden in ein reſp. mehrere definitive Verzeichniſſe zuſammengeſtellt und mit dem Hauptbuche verglichen. Iſt eine Differenz vorhanden, dann müſſen entweder die Zinſen im Memoriale falſch notirt oder die Saldos der einzelnen Conten falſch gezogen ſein und der Fehler iſt aufzuſuchen. Die buchliche Richtigkeit der einzelnen Conten vor der Zinsberechnung war wie bei den Spareinlagen bereits conſtatirt.

Mit den eben beſchriebenen Arbeiten iſt noch keine volle Ueberzeugung bezüglich der Richtigkeit der Rechnung über Spareinlagen und Darlehen herbeigeführt. Es iſt immer noch möglich, daß ein oder mehrere Eingänge oder Auszahlungen in den Vereinsbüchern gar nicht oder falſch notirt ſind. Daher wird es für die Verwaltung wünschenswerth, die Schuldbocumente und Sparkassenbücher einer regelmäßig wiederkehrenden Revision zu unterwerfen. Diese kann am besten und am wenigsten ostensibel bewirkt werden, wenn die Zinsen dem Gläubiger nicht ohne Weiteres zugeschrieben und vom Tage des Verfalls verzinst werden, sondern wenn man von ihm verlangt, daß er behufs Abhebung der Zinsen mit seinem Schuldscheine oder Sparkassenbuche im Vereinslokale erscheint, dies vorlegt und den Empfang der Zinsen in besonderer, bereit liegender Quittung bescheinigt. Will er nun die Zinsen als neue Einlage dem Vereine belassen, so hat er sie zu vollen Thalern abzurunden, und in seinem Sparkassenbuche oder Schuldscheine wird ihm dafür ein neuer Posten gutgeschrieben. Hierbei erhält man volle Ueberzeugung von der Richtigkeit der Vereinsbuchführung, verhindert oder entdeckt eine etwaige Fälschung der Schuldscheine und Sparkassenbücher (welche nach einer nach mehreren Jahren bewirkten Vorlage schwerer zu entdecken und zu beweisen ist), und vereinfacht in sehr erheblichem Grade die Uebersicht und den Abschluß der großen Menge der Spezial-Conten. In diesem Falle wird im Memoriale notirt:

Dezbr. 31. | Zinsen-Conto soll
an Alte Rechnung 1867.
Wir belasten erstere und creditiren letzterer die im Special-Zinsenbuche fol.... bis fol.... berechneten Zinsen auf Spareinlagen für das zweite Halbjahr 1867. . . . . Thlr. 15. 16. 2.

Das Spezial-Zinsenbuch wird zweckmäßiger Weise so lauten können:

Zinsberechnung für Spareinlagen für die Zeit vom 1/7. bis 31/12. 1867.

Nr. der Quittung.	Name.	Wohnort.	Kapital.	Verfall.	Zinstage.	%	Zinszahlen.	Zinsbetrag.	ist ausgezahlt am:	Kassen-Nr.
1.	Heinrich Salz	Rosenberg	300	1/7.	180	3⅓	7400	—.5.—.—	⁹/₁ 1868	374
2.	Julie Schmalz	Dornbusch	50	2/8.	148	3⅓	4800)	—.20.6.		
3.	M. L. Malz	hier	40	30/8.	120	3⅓	4500)	—.25.10.⁴/₅.	⁴/₅. 1868	5749
			50	30/9.	90	3⅓	72000			
4.	Gustav Pfalz	Grünthal	400	1/7.	180		22600			
			200	7/9.	113		1350			
			45	30/11.	30		95950	8.29.10.		
		ab:	100	31/7.	150	4	15000			
							80950	15.16.2.	¹⁵/₂. 1868	2407

Die Auszahlungen auf „Alte Rechnung 1867" sind im Kassenbuche unter besonderer Rubrik zu notiren und die noch ausstehenden Reste von Zeit zu Zeit dadurch festzustellen, daß von denselben ein Auszug nach dem Spezial-Zinsenbuche gemacht und die Summe der Reste mit dem Saldo des Contos im Hauptbuche übereinstimmend gefunden wird. Im obigen Falle müßte am 5. Mai 1868 das Hauptbuch auf dem Conto: „Alte Rechnung 1867" noch einen Credit-Saldo von Thlr. — 20. 6. ausweisen, dieselbe Summe, welche Julie Schmalz noch nicht erhoben hat.

Guthaben der Mitglieder.

Auch das Conto des Guthabens der Mitglieder muß inventarisirt und mit den einzufordernden Quittungsbüchern einzeln verglichen werden. Es empfiehlt sich, das Inventarium gleich so anzulegen, das daraus zu ersehen ist das dividendeberechtigte Guthaben jedes Einzelnen und die Summe des Ganzen, der Betrag der Dividende für jeden Einzelnen und im Ganzen, die auszuzahlende Dividende auf die bereits früher vollgezahlten Guthaben im Einzelnen und Ganzen; auch ist es zweckmäßig, dies Inventarium mit Rubriken für die Anmerkung der wirklich geschehenen Auszahlung der abzuhebenden Dividendenbeträge zu versehen. Alle diese weiteren Rubriken sind erst auszufüllen, nachdem die Generalversammlung Beschluß gefaßt hat über die zu vertheilende Dividende, resp. wann dieselbe ausgezahlt worden ist. Diese Tabelle möchte vielleicht zweckmäßiger Weise so aussehen:

Zusammenstellung des Guthabens der Mitglieder am 31./12. 1867 und Berechnung der gutzuschreibenden und auszuzahlenden Dividende für 1867.

Seite des Contobuchs.	Name.	Wohnort.	Guthaben.	Dividenden-Berechtigung.	Dividende Gel.	Betrag.	Gutgeschriebene Dividende.	Guthaben nach Gutschrift der Divid. 67.	Auszuzahlende Dividende.	Die Dividende ist ausgezahlt am	Kassen-Nr.
1.	Robert Marks	Beindorf	37. 15. 6.	34. 2. 25.	1.	2. 25.	40. 10. 6.	—. —. —.	—. —. —.	—	—
7.	Johann Knochen	hier	100. —. —.	100. 8. 10.	—.	—. —.	100. —. —.	—. —. —.	8. 10. —.	²/₃. 68.	4768
11.	Carl Haut	hier	92. 27. 6.	87. 7. 7.	11.	7. 2.	100. —. —.	—. 5. —.	8. 15. —.	¹⁷/₃. 68.	2470
			230. 13. —.	221. 18. 12.	9.	27. 6.	240. 10. 6.				

Die Rubrik „Guthaben" muß in ihrer Summe übereinstimmen mit dem Saldo des Contos, welches im Hauptbuche das Gesammt-guthaben der Mitglieder nachweist. Die Rubrik „Dividendeberechtigung" weist nach, wie viel Mitgliederguthaben dividendeberechtigt und mit wie viel jedes einzelne Mitglied daran betheiligt ist. Die Summe der Rubrik „Dividende" muß gleich sein der beschlußmäßig zu ver-theilenden Dividenden. Die Summe der Rubrik „Guthaben nach Gutschrift der Dividende" muß übereinstimmen mit dem Saldo des Contos des Guthabens der Mitglieder, nach dem Finalabschlusse, wie er in der für das neue Jahr zu übernehmenden Bilance erscheint. Das Conto des Guthabens jedes einzelnen Mitgliedes wird nach der Gutschrift der Dividende abgeschlossen und das Saldo vorgetragen. Jeder einzelne Saldo muß übereinstimmen mit dem betreffenden Posten der obigen Tabelle.

Die in die Tabelle aufgenommenen Rubriken „Auszuzahlende Dividende" und „Die Dividende ist ausgezahlt" stellen eine voll-kommene Controle her für die Dividende derjenigen Mitglieder, welche voll gezahlt haben und sichern den Verein vor doppelter Auszahlung, wenn bei derselben im Guthabenbuche des Mitgliedes ein die That-sache bekräftigender Stempel: „Dividende 1867 ist bezahlt" einge-druckt wird. Eine Gutschrift der jedesmaligen Dividende und eine Belastung der erfolgten Auszahlung auf dem Einzeln-Conto des Mit-gliedes wird damit überflüssig, und dies erspart in fortgeschrittener Entwickelung des Vereins viel Arbeit. Es ist ein besonderes Conto im Hauptbuche für die Jahresdividende zu bilden und im Kassen-buche des neuen Jahres ihm eine besondere Ausgaberubrik zu widmen, in welche jede Auszahlung von Dividende verzeichnet wird. Im Memorial ist folgender Satz zu machen:

Dezbr. 31.	Gewinn- u. Verlust-Conto soll (Siehe Endabschluß!) an Dividende 1867.
	Wir belasten ersteren und creditiren letzterem die nach Beschluß der General-versammlung vom . . . . an vollgezahlte Guthaben (Geschäftsantheile) auszuzah-lenden Dividende für 1867 laut Berech-nung im Spezialdividendenbuche fol. . . . . mit . . . . Thlr. 375. 17. 6.

Bank-Conto.

Auf diesem Conto sind alle Geschäfte notirt, welche mit an-deren Creditgenossenschaften und mit Banken gemacht werden. Von Banken ist Rechnungsauszug einzuholen, dieser mit den Vereinsbüchern zu vergleichen, nachzurechnen und, wenn richtig gefunden, die erfor-derlichen Buchungen darnach zu machen. Ist an andere Vereine Geld verliehen, giebt man ihnen Rechnungsauszug mit Zinsberechnung für Jahresschluß, belastet ihnen die aufgelaufenen Zinsen zu Gunsten des Zinsencontos und erbittet sich Erklärung über die Richtigkeit der Rechnung.

Gewinn- und Verlust-Conto.

Auf diesem Conto werden alle Gewinne und Erträgnisse des Jahres einerseits und Verluste, Kosten und Aufwendungen anderseits vereinigt, woraus sich der Jahres-Gewinn oder Verlust ergiebt.

Verwaltungskosten- oder Handlungskosten-Conto.

Sind nicht alle Verwaltungskosten aus dem betreffenden Geschäftsjahre innerhalb desselben wirklich ausgezahlt, so müssen die restirenden sorgfältig ermittelt und am Schlusse des Geschäftsjahres im Memorial dem Conto belastet und den Gläubigern gutgeschrieben werden, z. B. so:

Dezbr. 31.	Handlungskosten-Conto soll an Kassirer H. Schmidt. Wir creditiren dem letzteren rückständigen Gehalt für die Zeit vom 1. Octbr. bis 31. Dezbr. 1867 mit . . . . . . Thlr. 150. — — an Expedition des Rosenberger Wochenblattes. Wir creditiren dem letzteren für Insertionen im zweiten Halbjahre laut dessen Rechnung von heute . . . . Thlr. 5. 17. 11. Thlr. 155. 17. 11.

Nachdem nunmehr das Conto mit allen Unkosten des Jahres belastet ist, wird der Saldo desselben auf Gewinn- und Verlust-Conto übertragen durch einen Satz im Memorial wie folgt:

Dezbr. 41.	Gewinn- und Verlust-Conto soll an Handlungskosten-Conto. Wir übertragen den Saldo des letzteren auf ersteres mit . . . . . Thlr. 1,875. 14. 9.

Utensilien- oder Mobilien-Conto. Auf diesem Conto werden alle Mobilien oder Utensilien von bleibendem Werthe geführt, als: Geldschränke, Pulte, Stempel und dergleichen (Handlungsbücher, Formulare, Papier gehören auf Verwaltungskosten). Auf diese Dinge ist der Abnutzung und des damit verbundenen Minderwerthes entsprechend eine Abschreibung zu bewirken, die ebenfalls im Memorial notirt wird durch folgenden Satz:

Dezbr. 31.	Gewinn- und Verlust-Conto soll an Utensilien-Conto. Wir creditiren letzterem zu Lasten des ersteren 15 pCt. Abschreibung auf Thlr. 375. 15. . . . . Thlr. 56. 9. 9.

Geschäfts-Verluste und unsicher gewordene Forderungen werden, um auch hier ein Beispiel zu geben, vermittelst des Memorials so notirt:

Dezbr. 31.	Gewinn- und Verlust-Conto soll an Vorschuß-Conto.

Auf Grund des Beschlusses des Aufsichtsrathes vom 25. Dezbr. creditiren wir letzterem Conto zu Lasten des ersteren folgende uneinbringliche Vorschüsse:

Traugott Schwindler hier (nach Amerika geflohen) . . . . Thlr. 50. —. —.
Christoph Wermuth hier (ohne Nachlaß verstorben) . . . . „ 5. —. —.
_____
Thlr. 55. —. —.

an Conto zur Deckung unsicherer Forderungen:
Auf Grund desselben Beschlusses reserviren wir auf diesem Conto für die unsicher gewordene Forderung in laufender Rechnung an Schmerzensreich Pechvogel hier . . . . Thlr. 207. 6. 7.
_____
Thlr. 262. 6. 7.

Gegenüber dieser letzteren Notiz ist auch folgende Buchung im Memorial vorzunehmen:

Dezbr. 31.	Unsichere Forderungen sollen an laufende Rechnungen.

Wir übertragen von letzterem Conto auf ersteres die unsicher gewordene Forderung an
Schmerzensreich Pechvogel hier mit . Thlr. 207. 6. 7.

Zinsen-Conto und Provisions-Conto. Die Saldos dieser beiden Contos werden auf Gewinn- und Verlust-Conto übertragen, soweit sie nicht überhobene Zinsen und Provision enthalten. Die ermittelten im betreffenden Rechnungsjahre erhobenen, auf das neue Rechnungsjahr gehörigen Zinsen und Provision bleiben als Saldo auf den Conten stehen und werden als ein Einkommen zu Gunsten 1868 übertragen. Ergäbe zum Beispiel das Zinsen-Conto einen Saldo von Thlr. 7860 —. —. und wären die überhobenen Zinsen auf Thlr. 803. 7. 6. ermittelt, ergäbe das Provisions-Conto einen Saldo von Thlr. 2489. 4. 3. und wäre die überhobene Provision auf Thlr. 302. 2. 3. ermittelt, so würde folgender Satz im Memorial zu machen sein:

Dezbr. 31. | Folgende Debitoren sollen

an Gewinn- und Verlust-Conto,
Zinsen-Conto.

Wir übertragen den Zinsgewinn aus 1867 von letzterem auf ersteres Conto mit . . . . Thlr. 7,056. 22. 6.

Provisions-Conto.

Wir übertragen den Gewinn an Provision in 1867 von letzterem auf ersteres Conto mit . . . . Thlr. 2,187. 2. —.

Thlr. 9,243. 24. 6.

Ebenso ist zu verfahren mit dem Gewinn auf dem Conto der Werthpapiere. Sollte sich unerfreulicher Weise auf demselben ein Verlust herausstellen, wenn man den ermittelten Werth am 31. Dezember vergleicht mit dem Saldo des Contos im Hauptbuche, dann ist natürlich der Verlust dem Gewinn- und Verlust-Conto zur Last zu schreiben und dem Conto der Werthpapiere zu creditiren, wie früher bei den Verlusten auf Vorschuß-Conto gezeigt.

Nunmehr stellt der Saldo des Gewinn- und Verlust-Conto den Reingewinn des Rechnungsjahres dar und es wird dazu geschritten, einen dem Gesellschaftsvertrage und den Verträgen mit dem Vorstande und den Beamten entsprechenden Entwurf zur Vertheilung des Reingewinns anzufertigen und denselben der Generalversammlung zur endgültigen Entscheidung zu unterbreiten. Ist der Beschluß gefaßt, dann wird bewirkt der

End-Abschluß der Bücher.

Nimmt man an, daß nach den obigen Beispielen der Reinertrag des Jahres 1867 betrüge . . . . Thlr. 7,162. 3. 2. daß davon erhielte der

Reservefond 10 pCt.   Thlr.   716. 6. 4.

4 pCt. vorweg an Thlr. 54,507 dividendenberechtigtes

Guthaben . . . Thlr. 2,180. 8. 5.   Thlr. 2,896. 14. 9.

Von den verbleibenden . . . . . Thlr. 4,265. 18. 5.

erhielten 25 pCt. der Vorstand (nachdem er unter Verwaltungskosten verrechneten festen

Gehalt empfangen) Thlr. 1,066. 12. 1.

und weitere 4⅓ pCt.

die berechtigten

Thlr. 54.507. — —   Thlr. 2,361. 29. 1.   Thlr. 3,428. 11. 2.

so daß schließlich verblieben . . . . . Thlr. 837. 7. 3.

die dem Reservefond zugeschrieben oder auf das neue Jahr zur Disposition zu stellen wären.

In diesem Falle wären folgende Endbuchungen zu bewirken:

Decbr. 31. Gewinn- und Verlust-Conto soll
    an Reservefond.
        Wir creditiren letzterem Antheil am Reingewinn 1867 10 pCt. von
            Thlr. 7,162. 3. 2. . . . . . . Thlr. 716. 6. 4.
        an Tantième-Conto.
        Wir creditiren letzterem zu Gunsten der Mitglieder des Vorstandes gemäß §.... des mit ihnen geschlossenen Vertrages vom .... 25 pCt. von Thlr. 4,265. 18. 5. Gewinn des Jahres 1867 nach Abzug der vorangehenden 4 pCt. des dividendenberechtigten Guthabens der Mitglieder von Thlr. 54,507. mit . . . . . Thlr. 1,066. 12. 1.
        an Guthaben der Mitglieder.
        Wir creditiren demselben gemäß Beschluß der Generalversammlung vom 20. Februar 1868 Dividende aus dem Reingewinn des Jahres 1867 nach der Einzelnberechnung der Tabelle im Special-Dividendenbuche fol. . . . . . Thlr. 4,166. 20. —.
        an Dividende 1867.
        Wir creditiren demselben gemäß Beschluß der Generalversammlung vom 20. Februar 1868 an vollgezahlte Guthaben auszuzahlende Dividende für 1867 laut Berechnung im Special-Dividendenbuch fol. . . . mit . . . . Thlr. 375. 17. 6.
                                                    Thlr. 6,324. 25. 11.

Hiernach verbleibt auf dem Gewinn- und Verlust-Conto ein Saldo von Thlr. 837. 7. 3. zur Disposition und wird in das neue Jahr vorgetragen, wenn man nicht vorziehen sollte, denselben dem Reservefond zu dessen weiterer Verstärkung zuzuschlagen. Dann wäre er mittelst eines Memorialsatzes dem Gewinn- und Verlust-Conto zu belasten und dem Reservefond-Conto unterm 31. Dezbr. gutzuschreiben.

Schließlich sind die Saldos aller Conten des Hauptbuchs durch entsprechende Sätze im Memorial auf das „Bilanz-Conto" zu übertragen, welches sich in Soll und Haben vollständig ausgleichen und in seinen Posten die Schluß-Bilanz darstellen muß.

Berlin, 22. December 1867.

Soergel.

IV.

Gesetz,

betreffend die privatrechtliche Stellung der Erwerbs- und Wirthschafts-Genossenschaften. Vom 27. März 1867.

Wir **Wilhelm,** von Gottes Gnaden König von Preußen 2c., verordnen, mit Zustimmung der beiden Häuser des Landtages Unserer Monarchie, was folgt:

Abschnitt I.
Von Errichtung der Genossenschaften.

§. 1. Gesellschaften von nicht geschlossener Mitgliederzahl, welche die Förderung des Credits, des Erwerbs oder der Wirthschaft ihrer Mitglieder mittelst gemeinschaftlichen Geschäftsbetriebes bezwecken (Genossenschaften), namentlich:

1) Vorschuß- und Creditvereine,
2) Rohstoff- und Magazinvereine,
3) Vereine zur Anfertigung von Gegenständen und zum Verkauf der gefertigten Gegenstände auf gemeinschaftliche Rechnung (Productivgenossenschaften),
4) Vereine zum gemeinschaftlichen Einkauf von Lebensbedürfnissen im Großen und Ablaß in kleineren Partien an ihre Mitglieder (Consumvereine),
5) Vereine zur Herstellung von Wohnungen für ihre Mitglieder,

erwerben die im gegenwärtigen Gesetze bezeichneten Rechte einer „eingetragenen Genossenschaft" unter den nachstehend angegebenen Bedingungen.

§. 2. Zur Gründung der Genossenschaft bedarf es:
1) der schriftlichen Abfassung des Gesellschaftsvertrages (Statut),
2) der Annahme einer gemeinschaftlichen Firma.

Die Firma der Genossenschaft muß vom Gegenstande der Unternehmung entlehnt sein und die zusätzliche Bezeichnung „eingetragene Genossenschaft" enthalten.

Der Name von Mitgliedern (Genossenschaftern) oder anderen Personen darf in die Firma nicht aufgenommen werden. Jede neue Firma muß sich von allen an demselben Orte oder in derselben Gemeinde bereits bestehenden Firmen eingetragener Genossenschaften deutlich unterscheiden.

Zum Beitritt der einzelnen Genossenschafter genügt die schriftliche Erklärung.

§. 3. Der Gesellschaftsvertrag muß enthalten:

1) die Firma und den Sitz der Genossenschaft;
2) den Gegenstand des Unternehmens;
3) die Zeitdauer der Genossenschaft, im Falle dieselbe auf eine bestimmte Zeit beschränkt sein soll;
4) die Bedingungen des Ein- und Austritts der Genossenschafter;
5) den Betrag der Geschäftsantheile der einzelnen Genossenschafter und die Art der Bildung dieser Antheile;
6) die Grundsätze, nach welchen die Bilanz aufzunehmen und der Gewinn zu berechnen ist, und die Art und Weise, wie die Prüfung der Bilanz erfolgt;
7) die Art der Wahl und Zusammensetzung des Vorstandes und die Formen für die Legitimation der Mitglieder des Vorstandes;
8) die Form, in welcher die Zusammenberufung der Genossenschafter geschieht;
9) die Bedingungen des Stimmrechts der Genossenschafter und die Form, in welcher dasselbe ausgeübt wird;
10) die Gegenstände, über welche nicht schon durch einfache Stimmenmehrheit der auf Zusammenberufung erschienenen Genossenschafter, sondern nur durch eine größere Stimmenmehrheit oder nach anderen Erfordernissen Beschluß gefaßt werden kann;
11) die Form, in welcher die von der Genossenschaft ausgehenden Bekanntmachungen erfolgen, sowie die öffentlichen Blätter, in welche dieselben aufzunehmen sind;
12) die Bestimmung, daß alle Genossenschafter für die Verbindlichkeiten der Genossenschaft solidarisch und mit ihrem ganzen Vermögen haften.

§. 4. Der Gesellschaftsvertrag muß bei dem Handelsgerichte (Art. 73 des Einführungs-Gesetzes zum Allgemeinen Deutschen Handelsgesetzbuche vom 24. Juni 1861), in dessen Bezirk die Genossenschaft ihren Sitz hat, in das Genossenschaftsregister, welches einen

Theil des Handelsregisters bildet, eingetragen und im Auszuge ver-
öffentlicht werden.

Der Auszug muß enthalten:

1) das Datum des Gesellschaftsvertrages;
2) die Firma und den Sitz der Genossenschaft;
3) den Gegenstand des Unternehmens;
4) die Zeitdauer der Genossenschaft, im Falle dieselbe auf eine
bestimmte Zeit beschränkt sein soll;
5) die Namen und den Wohnort der zeitigen Vorstandsmitglieder;
6) die Form, in welcher die von der Genossenschaft ausgehenden
Bekanntmachungen erfolgen, sowie die öffentlichen Blätter,
in welche dieselben aufzunehmen sind.

Zugleich ist bekannt zu machen, daß das Verzeichniß der Genossenschafter jeder Zeit bei dem Handelsgerichte eingesehen werden könne.

Ist in dem Gesellschaftsvertrage eine Form bestimmt, in welcher der Vorstand seine Willenserklärungen kund giebt und für die
Genossenschaft zeichnet, so ist auch diese Bestimmung zu veröffentlichen.

§. 5. Vor erfolgter Eintragung in das Genossenschaftsregister
hat die Genossenschaft die Rechte einer eingetragenen Genossenschaft nicht.

§. 6. Jede Abänderung des Gesellschaftsvertrages muß schriftlich erfolgen und dem Handelsgerichte unter Ueberreichung zweier Abschriften des Gesellschaftsbeschlusses angemeldet werden.

Mit dem Abänderungsbeschlusse wird in gleicher Weise wie mit
dem ursprünglichen Vertrage verfahren. Eine Veröffentlichung desselben findet nur in so weit statt, als sich dadurch die in den früheren Bekanntmachungen enthaltenen Punkte ändern.

Der Beschluß hat keine rechtliche Wirkung, bevor derselbe bei
dem Handelsgerichte, in dessen Bezirk die Genossenschaft ihren Sitz
hat, in das Genossenschaftsregister eingetragen ist.

§. 7. Bei jedem Handelsgerichte, in dessen Bezirk die Genossenschaft eine Zweigniederlassung hat, muß diese Behufs der Eintragung in das Genossenschaftsregister angemeldet werden, und ist
dabei Alles zu beobachten, was die §§. 4—6 für das Hauptgeschäft
vorschreiben.

Abschnitt II.

Von den Rechtsverhältnissen der Genossenschafter
unter einander, sowie den Rechtsverhältnissen derselben und der Genossenschaft gegen Dritte.

§. 8. Das Rechtsverhältniß der Genossenschafter unter ein-
einander richtet sich zunächst nach dem Gesellschaftsvertrage. Letzterer

darf von den Bestimmungen der nachfolgenden Paragraphen nur in denjenigen Punkten abweichen, bei welchen dies ausdrücklich für zulässig erklärt ist.

Der Gewinn und Verlust wird in Ermangelung einer anderen Bestimmung des Gesellschaftsvertrages unter die Genossenschafter nach Köpfen vertheilt.

§. 9. Die Rechte, welche den Genossenschaftern in Angelegenheiten der Genossenschaft, insbesondere in Beziehung auf die Führung der Geschäfte, die Einsicht und Prüfung der Bilanz und die Bestimmung der Gewinnvertheilung zustehen, werden von der Gesammtheit der Genossen in der Generalversammlung ausgeübt.

Jeder Genossenschafter hat hierbei eine Stimme, wenn nicht der Gesellschaftsvertrag ein Anderes festsetzt.

§. 10. Die eingetragene Genossenschaft kann unter ihrer Firma Rechte erwerben und Verbindlichkeiten eingehen, Eigenthum und andere dingliche Rechte an Grundstücken erwerben, vor Gericht klagen und verklagt werden.

Ihr ordentlicher Gerichtsstand ist bei dem Gerichte, in dessen Bezirk sie ihren Sitz hat.

Die in Betreff der Kaufleute im Allgemeinen Deutschen Handelsgesetzbuche und in dem Einführungsgesetze vom 24. Juni 1861 (Gesetz-Samml. S. 449) gegebenen Bestimmungen gelten in gleicher Weise in Betreff der Genossenschaften, soweit dieses Gesetz keine abweichenden Vorschriften enthält.

§. 11. Für alle Verbindlichkeiten der Genossenschaft, insofern zur Deckung derselben im Falle der Liquidation oder des Concurses das Vermögen der Genossenschaft nicht ausreicht, haften alle Genossenschafter solidarisch mit ihrem ganzen Vermögen.

Wer in eine bestehende Genossenschaft eintritt, haftet gleich den anderen Genossenschaftern für alle, von der Genossenschaft vor seinem Eintritte eingegangenen Verbindlichkeiten.

Ein entgegenstehender Vertrag ist gegen Dritte ohne rechtliche Wirkung.

§. 12. Die Privatgläubiger eines Genossenschafters sind nicht befugt, die zum Genossenschaftsvermögen gehörigen Sachen, Forderungen oder Rechte, oder einen Antheil an denselben zum Behuf ihrer Befriedigung oder Sicherstellung in Anspruch zu nehmen. Gegenstand der Exekution des Arrestes oder der Beschlagnahme kann für sie nur dasjenige sein, was der Genossenschafter selbst an Zinsen und an Gewinnantheilen zu fordern berechtigt ist und was ihm bei der Auseinandersetzung zukommt.

§. 13. Die Bestimmung des vorigen Paragraphen gilt auch in Betreff der Privatgläubiger, zu deren Gunsten eine Hypothek oder ein Pfandrecht an dem Vermögen eines Genossenschafters kraft des Gesetzes oder aus einem andern Rechtsgrunde besteht. Ihre Hypothek oder ihr Pfandrecht erstreckt sich nicht auf die zum Genossenschaftsvermögen gehörigen Sachen, Forderungen und Rechte oder auf einen Antheil an denselben, sondern nur auf dasjenige, was in dem letzten Satze des vorigen Paragraphen bezeichnet ist.

Jedoch werden die Rechte, welche an dem von einem Genossenschafter in das Vermögen der Genossenschaft eingebrachten Gegenstande bereits zur Zeit des Einbringens bestanden, durch die vorstehenden Bestimmungen nicht berührt.

§. 14. Eine Compensation zwischen Forderungen der Genossenschaft und Privatforderungen des Genossenschaftsschuldners gegen einen Genossenschafter findet während der Dauer der Genossenschaft weder ganz noch theilweise statt. Nach Auflösung der Genossenschaft ist sie zulässig, wenn und soweit die Genossenschaftsforderung dem Genossenschafter bei der Auseinandersetzung überwiesen ist.

§. 15. Hat ein Privatgläubiger eines Genossenschafters nach fruchtlos vollstreckter Exekution in dessen Privatvermögen die Exekution in das demselben bei der demnächstigen Auflösung der Genossenschaft zukommende Guthaben erwirkt, so ist er berechtigt, die Genossenschaft mag auf bestimmte oder unbestimmte Zeit eingegangen sein, Behufs seiner Befriedigung nach vorher von ihm geschehener Aufkündigung das Ausscheiden jenes Genossenschafters zu verlangen.

Die Aufkündigung muß mindestens sechs Monate vor Ablauf des Geschäftsjahres der Genossenschaft geschehen.

Abschnitt III.

Von dem Vorstande, dem Aufsichtsrathe und der Generalversammlung.

§. 16. Jede Genossenschaft muß einen aus der Zahl der Genossenschafter zu wählenden Vorstand haben. Sie wird durch denselben gerichtlich und außergerichtlich vertreten.

Der Vorstand kann aus einem oder mehreren Mitgliedern bestehen, diese können besoldet oder unbesoldet sein. Ihre Bestellung ist zu jeder Zeit widerruflich, unbeschadet der Entschädigungsansprüche aus bestehenden Verträgen.

§. 17. Die jeweiligen Mitglieder des Vorstandes müssen alsbald nach ihrer Bestellung zur Eintragung in das Handelsregister angemeldet werden. Der Anmeldung ist ihre Legitimation beizufügen. Die Mitglieder des Vorstandes haben ihre Unterschrift vor dem Handelsgerichte zu zeichnen oder die Zeichnung in beglaubter Form einzureichen.

§. 18. Der Vorstand hat in der durch den Gesellschaftsvertrag bestimmten Form seine Willenserklärungen kund zu geben und für die Genossenschaft zu zeichnen. Ist nichts darüber bestimmt, so ist die Zeichnung durch sämmtliche Mitglieder des Vorstandes erforderlich. Die Zeichnung geschieht in der Weise, daß die Zeichnenden zu der Firma der Genossenschaft oder zu der Benennung des Vorstandes ihre Unterschrift hinzufügen.

§. 19. Die Genossenschaft wird durch die vom Vorstande in ihrem Namen geschlossenen Rechtsgeschäfte berechtigt und verpflichtet. Es ist gleichgültig, ob das Geschäft ausdrücklich im Namen der Genossenschaft geschlossen worden ist, oder ob die Umstände ergeben, daß es nach dem Willen der Contrahenten für die Genossenschaft geschlossen werden sollte.

Die Befugniß des Vorstandes zur Vertretung der Genossenschaft erstreckt sich auch auf diejenigen Geschäfte und Rechtshandlungen, für welche nach den Gesetzen eine Spezialvollmacht erforderlich ist. Zur Legitimation des Vorstandes bei allen, das Hypothekenbuch betreffenden Geschäften und Anträgen genügt ein Attest des Handelsgerichts, daß die darin zu bezeichnenden Personen als Mitglieder des Vorstandes in das Genossenschaftsregister eingetragen sind.

§. 20. Der Vorstand ist der Genossenschaft gegenüber verpflichtet, die Beschränkungen einzuhalten, welche in dem Gesellschaftsvertrage oder durch Beschlüsse der Generalversammlung für den Umfang seiner Befugniß, die Genossenschaft zu vertreten, festgesetzt sind. Gegen dritte Personen hat jedoch eine Beschränkung des Vorstandes, die Genossenschaft zu vertreten, keine rechtliche Wirkung. Dies gilt insbesondere für den Fall, daß die Vertretung sich nur auf gewisse Arten von Geschäften erstrecken, oder nur unter gewissen Umständen, oder für eine gewisse Zeit oder an einzelnen Orten stattfinden soll, oder daß die Zustimmung der Generalversammlung eines Aufsichtsrathes oder eines anderen Organes der Genossenschafter für einzelne Geschäfte erfordert ist.

§. 21. Eide Namens der Genossenschaft werden durch den Vorstand geleistet.

§. 22. Jede Aenderung der Mitglieder des Vorstandes muß dem Handelsgerichte zur Eintragung in das Genossenschaftsregister und öffentlichen Bekanntmachung angezeigt werden.

Dritten Personen kann die Aenderung nur insofern entgegengesetzt werden, als in Betreff dieser Aenderung die in Artikel 46 des Allgemeinen Deutschen Handelsgesetzbuches in Betreff des Erlöschens der Prokura bezeichneten Voraussetzungen vorhanden sind.

§. 23. Zur Behändigung von Vorladungen und anderen Zustellungen an die Genossenschaft genügt es, wenn dieselbe an ein

Mitglied des Vorstandes, welches zu zeichnen oder mitzuzeichnen befugt ist, geschieht.

§. 24. Der Vorstand ist verbunden, dem Handelsgerichte am Schlusse jedes Quartals über den Eintritt und Austritt von Genossenschaftern schriftlich Anzeige zu machen und alljährlich im Monat Januar ein vollständiges alphabetisch geordnetes Verzeichniß der Genossenschafter einzureichen.

Das Handelsgericht berichtigt und vervollständigt danach die Liste der Genossenschafter.

§. 25. Der Vorstand ist verpflichtet, Sorge zu tragen, daß die erforderlichen Bücher der Genossenschaft geführt werden. Er muß spätestens in den ersten sechs Monaten jedes Geschäftsjahres eine Bilanz des verflossenen Geschäftsjahres, die Zahl der seit der vorjährigen Bekanntmachung aufgenommenen oder ausgeschiedenen, sowie die Zahl der zur Zeit der Genossenschaft angehörigen Genossenschafter veröffentlichen.

§. 26. Mitglieder des Vorstandes, welche in dieser ihrer Eigenschaft außer den Grenzen ihres Auftrages oder den Vorschriften dieses Gesetzes oder des Gesellschaftsvertrages entgegen handeln, haften persönlich und solidarisch für den dadurch entstandenen Schaden.

Sie haben, wenn ihre Handlungen auf andere, als die in dem gegenwärtigen Gesetze (§. 1) erwähnten geschäftlichen Zwecke gerichtet sind, oder wenn sie in der Generalversammlung die Erörterung von Anträgen gestatten, oder nicht verhindern, welche auf keinen geschäftlichen Zweck, sondern auf öffentliche Angelegenheiten (§. 1 der Verordnung über die Verhütung eines die gesetzliche Freiheit gefährdenden Mißbrauches des Versammlungsrechtes vom 11. März 1850) gerichtet sind, eine Geldbuße bis zu 200 Thalern verwirkt.

§. 27. Der Gesellschaftsvertrag kann dem Vorstande einen Aufsichtsrath (Verwaltungsrath, Ausschuß) an die Seite setzen.

Ist ein Aufsichtsrath bestellt, so überwacht derselbe die Geschäftsführung der Genossenschaft in allen Zweigen der Verwaltung, er kann sich von dem Gange der Angelegenheiten der Gesellschaft unterrichten, die Bücher und Schriften derselben jederzeit einsehen, den Bestand der Gesellschaftskasse untersuchen und Generalversammlungen berufen. Er kann, sobald es ihm nothwendig erscheint, Vorstandsmitglieder und Beamte vorläufig, und zwar bis zur Entscheidung der demnächst zu berufenden Generalversammlung, von ihren Befugnissen entbinden und wegen einstweiliger Fortführung der Geschäfte die nöthigen Anstalten treffen.

Er hat die Jahresrechnungen, die Bilanzen und die Vorschläge zur Gewinnvertheilung zu prüfen und darüber alljährlich der Generalversammlung Bericht zu erstatten.

Er hat eine Generalverſammlung zu berufen, wenn dies im Intereſſe der Geſellſchaft erforderlich iſt.

§. 28. Der Aufſichtsrath iſt ermächtigt, gegen die Vorſtandsmitglieder die Proceſſe zu führen, welche die Generalverſammlung beſchließt.

Wenn die Genoſſenſchaft gegen die Mitglieder des Aufſichtsraths einen Proceß zu führen hat, ſo wird ſie durch Bevollmächtigte vertreten, welche in der Generalverſammlung gewählt werden. Jeder Genoſſenſchafter iſt befugt, als Intervenient in den Proceß auf ſeine Koſten einzutreten.

§. 29. Der Betrieb von Geſchäften der Genoſſenſchaft, ſowie die Vertretung der Genoſſenſchaft in Beziehung auf dieſe Geſchäftsführung kann auch ſonſtigen Bevollmächtigten der Genoſſenſchaft zugewieſen werden. In dieſem Falle beſtimmt ſich die Befugniß derſelben nach der ihnen ertheilten Vollmacht, ſie erſtreckt ſich im Zweifel auf alle Rechtshandlungen, welche die Ausführung derartiger Geſchäfte gewöhnlich mit ſich bringt.

§. 30. Die Generalverſammlung der Genoſſenſchafter wird durch den Vorſtand berufen, ſoweit nicht nach dem Geſellſchaftsvertrage auch andere Perſonen dazu befugt ſind.

Eine Generalverſammlung der Genoſſenſchafter iſt außer den im Geſellſchaftsvertrage ausdrücklich beſtimmten Fällen zu berufen, wenn dies im Intereſſe der Genoſſenſchaft erforderlich erſcheint.

Die Generalverſammlung muß ſofort berufen werden, wenn mindeſtens der zehnte Theil der Mitglieder der Genoſſenſchaft in einer von ihnen zu unterzeichnenden Eingabe an den Vorſtand unter Anführung des Zweckes und der Gründe darauf anträgt. Iſt in dem Genoſſenſchaftsvertrage das Recht der Berufung einer Generalverſammlung einem größeren oder geringeren Theile der Genoſſenſchaftsglieder beigelegt, ſo hat es hierbei ſein Bewenden.

§. 31. Die Berufung der Generalverſammlung hat in der durch den Geſellſchaftsvertrag beſtimmten Weiſe zu erfolgen.

Der Zweck der Generalverſammlung muß jederzeit bei der Berufung bekannt gemacht werden. Ueber Gegenſtände, deren Verhandlung nicht in dieſer Weiſe angekündigt iſt, können Beſchlüſſe nicht gefaßt werden; hiervon iſt jedoch der Beſchluß über den in einer Generalverſammlung geſtellten Antrag auf Berufung einer außerordentlichen Generalverſammlung ausgenommen.

Zur Stellung von Anträgen und zu Verhandlungen ohne Beſchlußfaſſung bedarf es der Ankündigung nicht.

§. 32. Der Vorſtand iſt zur Beobachtung und Ausführung aller Beſtimmungen des Geſellſchaftsvertrags und der in Gemäßheit derselben von der Generalversammlung gültig gefaßten Beschlüsse verpflichtet und dafür der Genossenschaft verantwortlich.

Die Beschlüsse der Generalversammlung sind in ein Protokollbuch einzutragen, dessen Einsicht jedem Genossenschafter und der Staatsbehörde gestattet werden muß.

Abschnitt IV.

Von der Auflösung der Genossenschaft und dem Ausscheiden einzelner Genossenschafter.

§. 33. Die Genossenschaft wird aufgelöst:

1) durch Ablauf der im Gesellschaftsvertrage bestimmten Zeit;
2) durch einen Beschluß der Genossenschaft;
3) durch Eröffnung des Concurses (Falliments).

§. 34. Wenn eine Genossenschaft sich gesetzwidriger Handlungen oder Unterlassungen schuldig macht, durch welche das Gemeinwohl gefährdet wird, oder wenn sie andere, als die im gegenwärtigen Gesetze (§. 1) bezeichneten geschäftlichen Zwecke verfolgt, so kann sie aufgelöst werden, ohne daß deshalb ein Anspruch auf Entschädigung stattfindet.

Die Auflösung kann in diesem Falle nur durch ein gerichtliches Erkenntniß auf Betreibung der Bezirksregierung erfolgen. Als das zuständige Gericht ist dasjenige anzusehen, bei welchem die Genossenschaft ihren ordentlichen Gerichtsstand hat.

Das Erkenntniß ist von dem zuständigen Gerichte demjenigen Gerichte, welches das Genossenschaftsregister führt, zur Eintragung und Veröffentlichung nach §. 36 mitzutheilen.

§. 35. Die Auflösung der Genossenschaft muß, wenn sie nicht eine Folge des eröffneten Concurses ist, durch den Vorstand zur Eintragung in das Genossenschaftsregister angemeldet werden; sie muß zu drei verschiedenen Malen durch die für die Bekanntmachungen der Genossenschaft bestimmten Blätter bekannt gemacht werden.

Durch die Bekanntmachung müssen die Gläubiger zugleich aufgefordert werden, sich bei dem Vorstande der Genossenschaft zu melden.

§. 36. Die Concurseröffnung ist vom Concursgerichte von Amtswegen in das Genossenschaftsregister einzutragen. Die Bekanntmachung der Eintragung durch eine Anzeige in den im §. 4 Nr. 6 bestimmten Blättern unterbleibt. Wenn das Genossenschaftsregister nicht bei dem Concursgerichte geführt wird, so ist die Concurseröffnung von Seiten des Concursgerichtes dem Handelsgerichte, bei welchem das Register geführt wird, zur Bewirkung der Eintragung unverzüglich anzuzeigen.

§. 37. Jeder Genossenschafter hat das Recht, aus der Genossenschaft auszutreten, auch wenn der Gesellschaftsvertrag auf bestimmte Zeit geschlossen ist.

Ist über die Kündigungsfrist und den Zeitpunkt des Austritts im Gesellschaftsvertrage nichts festgesetzt, so findet der Austritt nur mit dem Schluß des Geschäftsjahres nach vorheriger, mindestens vierwöchentlicher Aufkündigung statt. Ferner erlischt die Mitgliedschaft durch den Tod, sofern der Gesellschaftsvertrag keine entgegengesetzten Bestimmungen enthält.

In jedem Falle kann die Genossenschaft Genossenschafter aus den im Gesellschaftsvertrage festgesetzten Gründen, sowie wegen des Verlustes der bürgerlichen Ehrenrechte, ausschließen.

§. 38. Die aus der Genossenschaft ausgetretenen oder ausgeschlossenen Genossenschafter, sowie die Erben verstorbener Genossenschafter, bleiben den Gläubigern der Genossenschaft für alle bis zu ihrem Ausscheiden von der Genossenschaft eingegangenen Verbindlichkeiten bis zum Ablauf der Verjährung (§. 51) verhaftet.

Wenn der Gesellschaftsvertrag nichts Anderes bestimmt, haben sie an dem Reservefonds und an dem sonst vorhandenen Vermögen der Genossenschaft keinen Anspruch, sind vielmehr nur berechtigt, zu verlangen, daß ihnen der eingezahlte Geschäftsantheil nebst den zugeschriebenen Dividenden binnen drei Monaten nach ihrem Ausscheiden ausgezahlt werde.

Gegen diese Verpflichtung, auch wenn sich das Vermögen der Genossenschaft bei dem Austritt oder der Ausschließung eines Genossenschafters vermindert hat, kann sich die Genossenschaft nur dadurch schützen, daß sie ihre Auflösung beschließt und zur Liquidation schreitet.

Abschnitt V.
Von der Liquidation der Genossenschaft.

§. 39. Nach Auflösung der Genossenschaft außer dem Falle des Concurses erfolgt die Liquidation durch den Vorstand, wenn nicht dieselbe durch den Gesellschaftsvertrag oder einen Beschluß der Genossenschaft an andere Personen übertragen wird. Die Bestellung der Liquidation ist jederzeit widerruflich.

§. 40. Die Liquidatoren sind von dem Vorstande beim Handelsgericht zur Eintragung in das Genossenschaftsregister anzumelden; sie haben ihre Unterschrift persönlich vor dieser Behörde zu zeichnen oder die Zeichnungen in beglaubigter Form einzureichen.

Das Austreten eines Liquidators oder das Erlöschen der Vollmacht eines solchen ist gleichfalls zur Eintragung in das Genossenschaftsregister anzumelden.

§. 41. Dritten Perſonen kann die Ernennung von Liquidatoren, ſowie das Austreten eines Liquidators oder das Erlöſchen der
Vollmacht eines ſolchen nur inſofern entgegengeſetzt werden, als hinſichtlich dieſer Thatſachen die Vorausſetzungen vorhanden ſind, unter
welchen nach Artikel 25 und 46 des Allgemeinen Deutſchen Handels-
geſetzbuches hinſichtlich einer Aenderung der Inhaber einer Firma oder
des Erlöſchens einer Prokura die Wirkung gegen Dritte eintritt.

Sind mehrere Liquidatoren vorhanden, ſo können ſie die zur
Liquidation gehörenden Handlungen mit rechtlicher Wirkung nur in
Gemeinſchaft vornehmen, ſofern nicht ausdrücklich beſtimmt iſt, daß
ſie einzeln handeln können.

§. 42. Die Liquidatoren haben die laufenden Geſchäfte zu be-
endigen, die Verpflichtungen der aufgelöſten Genoſſenſchaft zu erfüllen,
die Forderungen derſelben einzuziehen und das Vermögen der Genoſſenſchaft zu verſilbern; ſie haben die Genoſſenſchaft gerichtlich und
außergerichtlich zu vertreten, ſie können für dieſelbe Vergleiche ſchließen
und Compromiſſe eingehen. Zur Beendigung ſchwebender Geſchäfte
können die Liquidatoren auch neue Geſchäfte eingehen.

Die Veräußerung von unbeweglichen Sachen kann durch die
Liquidatoren, ſofern nicht der Geſellſchaftsvertrag oder ein Beſchluß
der Genoſſenſchaft anders beſtimmt, nur durch öffentliche Verſteigerung
bewirkt werden.

§. 43. Eine Beſchränkung des Umfanges der Geſchäftsbefug-
niſſe der Liquidatoren (§. 42) hat gegen dritte Perſonen keine rechtliche Wirkung.

§. 44. Die Liquidatoren haben ihre Unterſchrift in der Weiſe
abzugeben, daß ſie der bisherigen, nunmehr als Liquidationsfirma zu
bezeichnenden Firma ihren Namen beifügen.

§. 45. Die Liquidatoren haben der Genoſſenſchaft gegenüber
bei der Geſchäftsführung den von der Generalverſammlung gefaßten
Beſchlüſſen Folge zu geben.

§. 46. Die bei Auflöſung der Genoſſenſchaft vorhandenen
und die während der Liquidation eingehenden Gelder werden, wie
folgt, verwendet:

a. es werden zunächſt die Gläubiger der Genoſſenſchaft je nach
der Fälligkeit ihrer Forderungen befriedigt und die zur Deckung
noch nicht fälliger Forderungen nöthigen Summen zurückbe-
halten;

b. aus den alsdann verbleibenden Ueberſchüſſen werden die eingezahlten Geſchäftsantheile einſchließlich der denſelben zuge-
ſchriebenen Dividenden früherer Jahre an die Genoſſenſchafter
zurückgezahlt. Reicht der Beſtand zur vollſtändigen Deckung

nicht aus, so erfolgt die Vertheilung desselben nach Verhältniß der Höhe der einzelnen Guthaben;

c) aus dem nach Deckung der Schulden der Genossenschaft, sowie der Geschäftsantheile der Genossenschafter, noch verbleibenden Bestande wird zunächst der Gewinn des letzten Rechnungsjahres an die Genossenschafter nach den Bestimmungen
des Gesellschaftsvertrages gezahlt. Die Vertheilung weiterer
Ueberschüsse unter die Genossenschafter erfolgt in Ermangelung
anderer Vertragsbestimmungen nach Köpfen.

§. 47. Die Liquidatoren haben sofort beim Beginn der Liquidation eine Bilanz aufzustellen. Ergiebt diese oder eine später
aufgestellte Bilanz, daß das Vermögen der Genossenschaft (einschließlich des Reservefonds und der Geschäftsantheile der Genossenschafter)
zur Deckung der Schulden der Genossenschaft nicht hinreicht, so haben
die Liquidatoren bei eigner Verantwortlichkeit sofort eine Generalversammlung zu berufen und hierauf, sofern nicht Genossenschafter
binnen acht Tagen nach der abgehaltenen Generalversammlung den
zur Deckung des Ausfalles erforderlichen Betrag baar einzahlen, bei
dem Handelsgerichte die Eröffnung des kaufmännischen Concurses
(Falliments) über das Vermögen der Genossenschaft zu beantragen.

§. 48. Ungeachtet der Auflösung der Genossenschaft kommen
bis zur Beendigung der Liquidation im Uebrigen in Bezug auf die
Rechtsverhältnisse der bisherigen Genossenschafter untereinander, sowie zu dritten Personen, die Vorschriften des zweiten und dritten
Abschnitts dieses Gesetzes zur Anwendung, soweit sich aus den Bestimmungen des gegenwärtigen Abschnitts und aus dem Wesen der
Liquidation nicht ein Anderes ergiebt. Im Fall der Auflösung der
Genossenschaft kann kein Genossenschafter wegen des etwaigen geringeren Betrages der statutenmäßigen Einzahlung auf seinen Geschäftsantheil von anderen Genossenschaftern, welche auf ihre Antheile mehr
eingezahlt haben, im Wege des Rückgriffs in Anspruch genommen
werden. Der Gerichtsstand, welchen die Genossenschaft zur Zeit
ihrer Auflösung hatte, bleibt bis zur Beendigung der Liquidation für
die aufgelöste Genossenschaft bestehen. Zustellungen an die Genossenschaft geschehen mit rechtlicher Wirkung an einen der Liquidatoren.

§. 49. Nach Beendigung der Liquidation werden die Bücher
und Schriften der aufgelösten Genossenschaft einem der gewesenen
Genossenschafter oder einem Dritten in Verwahrung gegeben. Der
Genossenschafter oder der Dritte wird in Ermangelung einer gütli-
chen Uebereinkunft durch das Handelsgericht bestimmt.

Die Genossenschafter und deren Rechtsnachfolger behalten das
Recht auf Einsicht und Benutzung der Bücher und Papiere.

§. 50. Ueber das Vermögen der Genossenschaft wird außer im Falle des §. 47 der kaufmännische Konkurs (Falliment) eröffnet, sobald sie ihre Zahlungen vor oder nach ihrer Auflösung eingestellt hat. §. 281 Nr. 2 der Konkursordnung vom 8. Mai 1855, Rheinisches Handelsgesetzbuch Artikel 441, Gesetz vom 9. Mai 1859. (Gesetz-Samml. S. 208.)

Die Verpflichtung zur Anzeige der Zahlungseinstellung liegt dem Vorstande der Genossenschaft, und wenn die Zahlungseinstellung nach Auflösung der Genossenschaft eintritt, den Liquidatoren derselben ob.

Die Genossenschaft wird durch den Vorstand beziehungsweise die Liquidatoren vertreten. Dieselben sind persönlich zu erscheinen und Auskunft zu ertheilen in allen Fällen verpflichtet, in welchen dies für den Gemeinschuldner selbst vorgeschrieben ist. Ein Accord (Konkordat) kann nicht geschlossen werden.

Der Konkurs (Falliment) über das Gesellschaftsvermögen zieht den Konkurs (Falliment) über das Privatvermögen der einzelnen Genossenschafter nicht nach sich.

Der Beschluß über Eröffnung des Konkurses (resp. die Erklärung des Falliments) hat die Namen der solidarisch verhafteten Genossenschafter nicht zu enthalten. Sobald der Konkurs (Falliment) beendigt ist, sind die Gläubiger berechtigt, wegen des Ausfalls an ihren Forderungen, jedoch nur, wenn solche bei dem Konkursverfahren (Falliment) angemeldet und verifizirt sind, einschließlich Zinsen und Kosten, die einzelnen, ihnen solidarisch haftenden Genossenschafter in Anspruch zu nehmen.

Abschnitt VI.

Von der Verjährung der Klagen gegen die Genossenschafter.

§. 51. Die Klagen gegen einen Genossenschafter aus Ansprüchen gegen die Genossenschaft verjähren in zwei Jahren nach Auflösung der Genossenschaft oder nach seinem Ausscheiden oder seiner Ausschließung aus derselben, sofern nicht nach Beschaffenheit der Forderung eine kürzere Verjährungsfrist gesetzlich eintritt.

Die Verjährung beginnt mit dem Tage, an welchem die Auflösung der Genossenschaft in das Genossenschaftsregister eingetragen oder das Ausscheiden, beziehungsweise die Ausschließung des Genossenschafters dem Handelsgerichte angezeigt ist. Wird die Forderung erst nach diesem Zeitpunkte fällig, so beginnt die Verjährung mit dem Zeitpunkte der Fälligkeit. Ist noch ungetheiltes Genossenschaftsvermögen vorhanden, so kann dem Gläubiger die zweijährige Verjährung nicht entgegengesetzt werden, sofern er seine Befriedigung nur aus dem Gesellschaftsvermögen sucht.

§. 52. Die Verjährung zu Gunsten eines ausgeschiedenen oder ausgeschlossenen Genossenschafters wird nicht durch Rechtshandlungen gegen einen anderen Genossenschafter, wohl aber durch Rechtshandlungen gegen die fortbestehende Genossenschaft unterbrochen.

Die Verjährung zu Gunsten eines bei der Auflösung der Genossenschaft zu derselben gehörigen Genossenschafters wird nicht durch Rechtshandlungen gegen einen anderen Genossenschafter, wohl aber durch Rechtshandlungen gegen die Liquidatoren, beziehungsweise gegen die Konkursmasse unterbrochen.

§. 53. Die Verjährung läuft auch gegen Minderjährige und bevormundete Personen, sowie gegen juristische Personen, denen gesetzlich die Rechte der Minderjährigen zustehen, ohne Zulassung der Wiedereinsetzung in den vorigen Stand, jedoch mit Vorbehalt des Regresses gegen die Vormünder und Verwalter.

Schlußbestimmungen.

§. 54. Das Handelsgericht hat den Vorstand der Genossenschaft zur Befolgung der in den §§. 4. 6. 17. 22. 24. 25. 30. Absatz 3. 32. Absatz 2. 35. 40. enthaltenen Vorschriften von Amtswegen durch Ordnungsstrafen anzuhalten.

Für das hierbei zu befolgende Verfahren sind die im Artikel 5. des Einführungsgesetzes zum Allgemeinen Deutschen Handelsgesetzbuche vom 24. Juni 1861 getroffenen Bestimmungen maaßgebend.

§. 55. Unrichtigkeiten in den nach den Vorschriften des gegenwärtigen Gesetzes dem Vorstande obliegenden Anzeigen oder sonstigen amtlichen Angaben werden gegen die Vorstandsmitglieder mit Geldbuße bis zu 20 Thalern geahndet.

§. 56. Durch die im §. 55. enthaltene Bestimmung wird die Anwendung härterer Strafen nicht ausgeschlossen, wenn dieselben nach sonstigen Gesetzen durch die Handlung begründet werden.

§. 57. Die Eintragungen in das Genossenschaftsregister erfolgen kostenfrei. Die näheren geschäftlichen Anordnungen über die Führung des Genossenschaftsregisters bleiben einer von den Ministern für Handel, Gewerbe und öffentliche Arbeiten und der Justiz zu erlassenden Instruktion vorbehalten.

Die Minister für Handel, Gewerbe und öffentliche Arbeiten und der Justiz werden mit der Ausführung dieses Gesetzes beauftragt.

Urkundlich unter Unserer Höchsteigenhändigen Unterschrift und beigedrucktem Königlichen Insiegel.

Gegeben Berlin, den 27. März 1867.

(L. S.) Wilhelm.

Gr. v. Bismarck-Schönhausen. Frh. v. d. Heydt. v. Roon. Gr. v. Itzenplitz. v. Mühler. Gr. zur Lippe. v. Selchow. Gr. zu Eulenburg.